HAMBURGER
BÜNDNIS
FÜR
WOHNSTIFTE

Angela Schwarz / Frank Hatje / Tobias Behrens / Michael Zapf

Die Hamburger Wohnstifte

Gemeinnütziges Wohnen im Wandel der Zeit

Herausgegeben
vom Hamburger Bündnis
für Wohnstifte

Ellert & Richter Verlag

Inhalt

Vorwort

Das Hamburger Bündnis für Wohnstifte als Herausgeber

Das Hamburger Bündnis für Wohnstifte wird von drei ehrenamtlich tätigen Sprecher*innen aus dem Kreis der Stiftungen vertreten (Stand 2024 v.l.n.r.): Maik Greb, Geschäftsführer der Hartwig-Hesse-Stiftung; Reiner Schäfer, geschäftsführender Vorstand der Behrens-Stiftung, Christina Baumeister, Geschäftsführerin der Alida Schmidt-Stiftung, Flutopfer-Stiftung von 1962, Wilhelm Carstens Gedächtnis-Stiftung, Georg und Emma Poensgen-Stiftung sowie Hamburger Stiftung Wohnen und Teilhabe.

Hamburg ist Stiftungshauptstadt: Über 1.500 Stiftungen mit einem Gesamtvermögen von mehr als zwölf Milliarden Euro sind in Hamburg anerkannt. Die Hamburger Tradition, Stiftungen zu gründen, begann bereits im 13. Jahrhundert: In der vom Handel geprägten Kaufmannsstadt haben sich vor allem die hanseatischen Kaufleute für das Gemeinwohl und für Menschen engagiert, die Unterstützung brauchten. Diese Form des bürgerschaftlichen Engagements setzt sich bis heute fort.

Bekannt sind vor allem die Stiftungen, die von großen Unternehmen oder herausragenden Persönlichkeiten gegründet wurden und die damit einen Teil ihres Vermögens an die Menschen dieser Stadt zurückgegeben haben. Weniger bekannt ist die Vielzahl der kleineren Stiftungen, die sich mit ganz unterschiedlicher Ausrichtung um das Gemeinwohl verdient gemacht haben. Ihr Engagement reicht über die Förderung von Kunst, Kultur und Wissenschaft bis hin zur Unterstützung bei der Errichtung oder dem Erhalt von stadtbildprägenden Gebäuden. Aber auch soziale Themen wie die „Armenfürsorge" sind für die Stiftungen wichtige Handlungsfelder.

In diesem Buch soll der Fokus auf die Wohnstiftungen gelegt werden: Wohnstiftungen sorgen seit Jahrhunderten dafür, dass auch Menschen mit geringem Einkommen und/oder Unterstützungsbedarf ein Dach über dem Kopf haben. Sie tragen mit ihrem Wohnungsbestand auch heute noch ganz wesentlich zur Versorgung mit günstigem Wohnraum bei. Und sie tun dieses in einer Stadt, in der bezahlbare Wohnungen ein knappes Gut sind.

Das Buch stellt die Rolle der Hamburger Wohnstifte in ihrer langen Tradition dar, beleuchtet die Herausforderungen und ermutigt vielleicht auch, weitere Wohnstiftungen zu gründen.

Tobias Behrens

Von der Initiative „Perlen Polieren" zum „Hamburger Bündnis für Wohnstifte"

Hamburger Wohnstifte: Die Zukunft gemeinsam gestalten

Achtung! Ein Stiftungsgrundstück wird 2014 verkauft

Wenn man auf das Wirken der Hamburger Wohnstifte der letzten Jahre zurückblickt, muss man als Beginn dieser Aktivitäten ins Jahr 2014 zurückgehen. Im Februar 2014 gab es im Bezirksamt Hamburg Nord eine Anhörung zu folgendem Thema: „...die Bezirksversammlung möchte sich ein Bild von der Situation der Stifte machen. Ziel ist es, rechtzeitig von etwaigen Problemen zu erfahren, damit notfalls dazu beigetragen werden kann, die Stifte weiter an den angestammten Orten zu halten."

Hintergrund dieser Anhörung war die Tatsache, dass die Rückgabe eines Grundstücks der Senator-Erich-Soltow-Stiftung und des Martin und Clara Heimann-Stifts an die Stadt Hamburg und deren Weiterverkauf an einen Investor kürzlich stattgefunden hatte.

In dem interfraktionellen Antrag zu dieser Anhörung hieß es: „In Hamburg Nord leisten Wohnstifte einen wichtigen, in manchen Stadtteilen wesentlichen Beitrag zur Bereitstellung günstigen Wohnraums [...]. Die Umstände der geplanten Verlagerung des Soltow-Heimann-Stifts haben aber gezeigt, dass nicht mehr alle Stiftungen wirtschaftlich gut aufgestellt sind. Hinzu kommt, daß Stiftungen, besonders in den innenstadtnahen Stadtteilen, [...] auf Grundstücken angesiedelt sind, die bei einem Verkauf hohe Preise erzielen könnten. Aus stadtentwicklungspolitischer Sicht ist eine Verlagerung jedoch nicht wünschenswert." (zitiert aus Bez. Amt HH Nord, DS XX-3460 vom 5. November 2013)

Dr. Dorothee Stapelfeldt, Hamburgs ehemalige Stadtentwicklungssenatorin, hat das frisch gegründete Hamburger Bündnis für Wohnstifte am 18. November 2019 zu einem Empfang im Hamburger Rathaus eingeladen.

Auf der Anhörung im Februar 2014 waren auch Mechthild Kränzlin und Ulrike Petersen anwesend. Mechthild Kränzlin war geschäftsführende Vorständin der Homann-Stiftung, deren Ziel es ist, unter anderem Hamburger Stiftungen zu fördern. Ulrike Petersen hat zu dem Zeitpunkt die Koordinationsstelle für Hamburger Wohn-Pflege-Gemeinschaften bei der Stattbau Hamburg GmbH geleitet und sich insbesondere mit der Verbesserung der Wohnsituation für ältere Menschen mit Pflegebedarf beschäftigt. Beide erkannten nach dieser Veranstaltung die Bedeutung dieses Einzelfalls und waren sich einig, dass es einer grundsätzlichen Strategie für den Erhalt und die Weiterentwicklung der Hamburger Wohnstifte bedarf. Wegen der hamburgweiten Bedeutung des Themas wurde noch Johannes Jörn aus dem Vorstand der Patriotischen Gesellschaft von 1765 angesprochen. Und so gründeten die drei Institutionen Homann-Stiftung, Patriotische Gesellschaft und Stattbau Hamburg GmbH im Jahr 2015 die Initiative „Perlen Polieren".

Eine erste Idee dieser Initiative war es, die Stiftungen zusammenzubringen, denn für die Hamburger Wohnstiftungen gab es bisher keine Plattform oder Möglichkeit sich untereinander auszutauschen und zu vernetzen. Zwar waren viele Stiftungen auch in Wohlfahrtsverbänden aktiv, aber spezielle wohnungspolitische Anliegen und auch Fragen der zu-

Folgende Doppelseite: Blick in das große Ensemble der Amalie Sieveking-Stiftung in St. Georg – mittig ist das erste Amalienstift zu sehen. Die unter Denkmalschutz stehenden Gebäude wurden inzwischen durch neue Wohngebäude ergänzt. Die Stiftung ist eine Einrichtung des Servicewohnens und gehörte zu den Gründungsmitgliedern des Bündnisses.

künftigen Versorgung von älteren Menschen wurden kaum gemeinsam thematisiert. Insofern gab es in den ersten Jahren der Initiative neben dem regelmäßigen Austausch mit der Behörde für Stadtentwicklung und Wohnen und der Sozialbehörde viele Informationsveranstaltungen (unter anderem zum Thema Denkmalschutz und Wohnungsbauförderung), aber auch öffentlichkeitswirksame Aktivitäten wie eine Busrundreise durch Hamburger Wohnstifte für Politik und Presse. Außerdem wurde eine erste Bestandsaufnahme über die Hamburger Wohnstifte erstellt, denn die Initiatoren merkten schnell, dass die Datenlage zu den Wohnstiften äußerst dürftig war: Niemand in Hamburg weiß genau, wie viele Wohnstifte es gibt und wie viele Wohnungen diese besitzen.

Parallel zu diesen ersten Vernetzungsaktivitäten war das Thema Stiftungen durch den geplanten Verkauf des Ledigenheims in der Rehhofstraße an Investoren in der Öffentlichkeit präsent. Dieser Verkauf konnte jedoch durch die Initiative der Bewohner*innen und vieler prominenter Hamburger*innen glücklicherweise verhindert werden. Es wurde die gemeinnützige Stiftung Ros gegründet, die den Altbau dem dänischen Investor abkaufte und so den kompletten preisgünstigen Wohnungsbestand mit den Kleinstwohnungen erhalten konnte.

Die Notwendigkeit und Bereitschaft zum Austausch und zur Kooperation zwischen den Stiftungen wurde noch verstärkt durch die Veränderung gesetzlicher Regelungen. Die bereits 2012 in Kraft getretene Hamburgische Wohn- und Betreuungsbauverordnung sah vor, ab dem Februar 2022 für alle Servicewohnanlagen (alte Bezeichnung: „Betreutes Wohnen") die vollständige Barrierefreiheit der Wohnungen sicherzustellen. Es stand zu befürchten, dass die Stiftungen deshalb ihre Wohnungen nicht mehr als Servicewohnungen vermieten können, denn den Aufwand, den sie für die zusätzlichen Angebote haben, wäre nicht mehr durch die Servicepauschalen abgedeckt gewesen. Obwohl die Frist bis zum 1. Januar 2025 verlängert wurde, stellt diese gesetzliche Vorgabe viele Stiftungen, die ihren Wohnungsbestand in Altbauten (zum Teil auch in denkmalgeschützten Gebäuden) vorhalten, bis heute vor riesige Herausforderungen.

Antrag Servicestelle für Hamburger Wohnstifte (2019)

Aufgrund des zunehmenden Interesses an der Arbeit der Initiative „Perlen Polieren" durch die Hamburger Stiftungen entschieden sich dann die Initiator*innen, einen Förderantrag an die Sozialbehörde zu stellen. Unter dem Stichwort „Servicestelle für Hamburger Wohnstiftungen" sollte die Beratungs- und Vernetzungsarbeit für Wohnstifte verstärkt werden. Mit diesem, zunächst auf drei Jahre befristeten Antrag, wollte man die begonnene Arbeit professionalisieren, um die zukünftigen Herausforderungen besser bewältigen zu können. Begleitet wurde dieser Antrag durch einen entsprechenden Haushaltsantrag von SPD und Bündnis 90/Die Grünen, der vorsah für den Haushalt 2019/20 Mittel für die Einrichtung einer Koordinierungsstelle Hamburger Wohnstifte bereitzustellen.

Der Haushaltsantrag wurde zwar bewilligt, allerdings wurde von der zuständigen Behörde für Stadtentwicklung und Wohnen (BSW) diese Koordinierungsstelle nicht in freier Trägerschaft eingerichtet, sondern als neue Stelle in dem zuständigen Amt der BSW. Das war für die Initiator*innen von „Perlen

Polieren" zunächst eine Enttäuschung, allerdings entwickelte sich die Zusammenarbeit mit der neuen Koordinierungsstelle in der BSW sehr positiv. Eine der ersten Aktivitäten der neuen Koordinierungsstelle war dann, ein umfassendes Gutachten über die Lage der Wohnstiftungen in Hamburg in Auftrag zu geben, was erneut die Vielfältigkeit der Stiftungslandschaft und auch den dringenden Handlungsbedarf beschrieb.

Gründung Hamburger Bündnis für Wohnstifte (2019)

Nach der Einrichtung der Koordinierungsstelle bei der BSW entschieden sich die Initiator*innen von „Perlen Polieren" zusammen mit den bereits im Netzwerk aktiven Stiftungen dazu, in die nächste Phase der Zusammenarbeit einzutreten: Das „Hamburger Bündnis für Wohnstifte" wurde 2019 gegründet. Die damals zuständige Stadtentwicklungssenatorin Dr. Dorothee Stapelfeldt hat daraufhin am 18. November 2019 die Hamburger Wohnstiftungen feierlich in das Rathaus eingeladen. Die Bedeutung, die die Stadt den Wohnstiften zuschreibt, wurde bereits in der Einladung deutlich: „Unser gemeinsames Ziel ist es, die Stiftungen soweit wie möglich in die Lage zu versetzen, ihre Immobilien zukunftsfest zu machen und den Schatz, den sie für die Stadt bedeuten, zu bewahren. In unserer Stadt übersteigt der Bedarf an bezahlbarem Wohnraum das Angebot, vor allem in beliebten Wohnlagen. Aufgrund des demografischen Wandels – im Jahr 2030 wird jeder dritte Einwohner in Hamburg über 65 Jahre alt sein – werden künftig erheblich mehr seniorengerechte und barrierefreie Wohnungen benötigt. Hier leisten die Wohnstifte in ihrer Tradition und sozialen Verantwortung einen wichtigen Beitrag für die Versorgung weniger wohlhabender älterer Menschen."

Neben der Vorstellung der neuen Koordinierungsstelle für Wohnstifte in der BSW wurde auf dieser Veranstaltung von den Stiftungen auch erstmals die Gründungserklärung des Bündnisses vorgestellt, die seitdem die Grundlage für die konkrete Arbeit in dem Bündnis darstellt (siehe Seite 236-237).

Die Initiator*innen des Bündnisses entschieden sich bei der Gründung dafür, den organisatorischen Aufwand für die formalen Rahmenbedingungen für einen solchen Zusammenschluss von eigenständigen Stiftungen möglichst klein zu halten. Es wurde keine neue Rechtsform gegründet, das Bündnis ist

Die Gründungsmitglieder des Bündnisses am 14. Oktober 2019 in der Patriotischen Gesellschaft von 1765.

ein freiwilliger Zusammenschluss der beteiligten Stiftungen, die ihren Beitritt zum Bündnis einseitig erklären (BGB Gesellschaft). Aber auch ein freiwilliger Zusammenschluss verursacht einen gewissen Verwaltungsaufwand. Mit finanzieller Unterstützung der Homann-Stiftung konnten Räumlichkeiten und Gelder für eine Mitarbeiterin zur Verfügung gestellt werden. Damit hatte das Bündnis seine erste Geschäftsstelle. Nach außen wird das Bündnis von drei ehrenamtlich tätigen Sprecher*innen aus dem Kreis der Stiftungen vertreten und Vertreter*innen der drei Gründungsorganisationen von „Perlen Polieren" begleiten in einem Beirat inhaltlich und organisatorisch das Bündnis.

Geschäftsstelle wird zur „Servicestelle" (2022)

Die Themen, die Anfragen und die Aufgaben, die in der Geschäftsstelle des Bündnisses aufgelaufen sind, wurden immer vielfältiger, sodass auf Vorschlag der Sprecher*innen im März 2022 die Geschäftsstelle mit einer hauptamtlichen Mitarbeiterin besetzt wurde und ein Umzug in die Räumlichkeiten der Stattbau Hamburg GmbH umgesetzt wurde. Da diese auch in vielen anderen Bereichen der gemeinwohlorientierten Wohnungs- und Stadtentwicklungspolitik tätig ist, sollte das dort vorhandene Know-how auch für die Bündnisarbeit genutzt werden. Die Geschäftsstelle, die bisher nur die Verwaltung übernommen hatte, hat sich dadurch zu einer echten Servicestelle entwickelt. Sie steht allen Bündnis-Mitgliedern beratend zur Seite, wenn es um konzeptionelle, rechtliche und bauliche Fragen des Wohnens geht, sie organisiert Veranstaltungen, gibt einen Newsletter heraus und organisiert den fachlichen Austausch mit Politik und Verwaltung, u.v.m.

Die Initiator*innen von „Perlen Polieren" am Tag der Bündnis-Gründung (v.l.n.r.): Mechthild Kränzlin (Homann-Stiftung), Ulrike Petersen (Stattbau Hamburg GmbH), Johannes Jörn (Patriotische Gesellschaft von 1765)

Inzwischen hat das Bündnis fast 50 Mitglieder, die mit überschaubaren (sich an der Anzahl von Wohnungen der einzelnen Stiftungen orientierenden) Beiträgen die Bündnisarbeit finanzieren. Hinzu kommen noch größere Zuwendungen der Homann-Stiftung, der Powalla Stiftung und der Kummerfeldt Stiftung.

Fünf Jahre Hamburger Bündnis für Wohnstifte (2024)

Zehn Jahre sind seit dem Start der Initiative „Perlen Polieren" vergangen und fünf Jahre seit der Gründung des Bündnisses. Die Anzahl der Stiftungen im Bündnis nimmt weiter zu. Aber vor allem ist das Ziel erreicht worden, dass sich die Stiftungen zu Themen, die sie betreffen, miteinander austauschen und Unterstützung bekommen, um konkrete Anliegen anzugehen: sei es das Thema Stiftungskooperation, Barrierefreiheit, Fragen zur Kommunikation mit den Mieter*innen oder zum Mietrecht bei Modernisierungsprojekten oder der Wirtschaftlichkeit von Neubauten. Und mit dem Bündnis, der Servicestelle und seinen Sprecher*innen haben die Hamburger Wohnstifte eine zivilgesellschaftliche Interessenvertretung für ihre Belange gegenüber Politik und Verwaltung geschaffen.

Die Zukunft des Hamburger Bündnisses für Wohnstifte

Das Bündnis ist in Hamburg inzwischen etabliert, die herausragende Arbeit der Stiftungen wird zunehmend in der Öffentlichkeit, in Politik und Verwaltung wahrgenommen und wertgeschätzt.

Einige Themen sind bereits auf den Weg gebracht, aber es gibt noch eine Reihe von Fragen und Herausforderungen, die die Wohnstifte mit ihrem Bündnis angehen wollen:

Dies sind beispielsweise die Bereitstellung von Grundstücken in den geplanten neuen Stadtentwicklungsgebieten, um neue Stiftungsquartiere zu schaffen, eine größere Flexibilität bei der stiftungsrechtlichen Beurteilung von Kooperations- und Fusionsbestrebungen der Stiftungen oder langfristige haushaltsjahrübergreifende Zusagen über Fördermittel für Wohnungsbauvorhaben, zur Herstellung von Planungs- und Finanzierungssicherheit. Auch wäre die Einführung einer Hamburger Wohnungsgemeinnützigkeit mit besonderen eigenkapitalersetzenden Förderbausteinen bei Verpflichtung zu dauerhaft preiswertem Wohnraum hilfreich, um die besonderen Leistungen der Stiftung für die Wohnraumversorgung stärker zur Geltung zu bringen.

In diesem Buch werden die Leistungen der Stiftungen mit aktuellen Porträts und einem ausführlichen Rückblick in die Geschichte dieser traditionsreichen Hamburger Institutionen dargestellt. Daraus wird deutlich, wie die Stadt über die Jahrhunderte hinweg die Entwicklung der Stiftungen gefördert und unterstützt hat. Das Bündnis hofft, dass dieses auch in Zukunft nicht nur so bleibt, sondern auch noch verstärkt wird, weil die Wohnstifte die geborenen Partner einer gemeinwohlorientierten Wohnungs- und Sozialpolitik der Stadt Hamburg sind.

Zu diesem Buch

Das Bündnis möchte mit der Herausgabe dieses Buches die Kenntnis über die Hamburger Wohnstifte verbessern, da es bisher zu diesen traditionsreichen Hamburger Institutionen wenig Literatur gibt. Zwar existieren viele Festschriften zu einzelnen Stiftungen, aber eine Gesamtbetrachtung fehlt. Deshalb ist neben den beiden historischen Beiträgen zur Geschichte der Wohnstifte auch ein aktueller Teil mit 32 kurzen Porträts ausgewählter Wohnstiftungen aus dem Bündnis beigefügt. Damit ist zwar noch kein Gesamtüberblick geschaffen, aber die Wissenslücke wird kleiner.

Dem Beirat des Bündnisses (Stand 2024) gehören an: die Stattbau Hamburg GmbH, vertreten durch Dr. Tobias Behrens, die Homann-Stiftung, vertreten durch Andrea Gutzeit, und die Patriotische Gesellschaft von 1765, vertreten durch Johannes Jörn (v.l.n.r.).

Die Senatorin Karen Pein, Behörde für Stadtentwicklung und Wohnen, im Gespräch mit dem Hamburger Bündnis für Wohnstifte

Interview

Sehr geehrte Frau Senatorin, welche Bedeutung haben die Hamburger Wohnstifte für die Wohnraumversorgung der Hamburger Bevölkerung – heute und in Zukunft?

Entsprechend ihrer Stiftungszwecke leisten die Wohnstifte einen wichtigen Beitrag in der Versorgung der Hamburger Bevölkerung mit langfristig bezahlbarem Wohnraum und zusätzlichen sozialen Angeboten. Oftmals handelt es sich bei den Stiftswohnungen um qualitativ hochwertige Wohnangebote insbesondere für ältere Menschen sowie für Menschen, die hilfe- oder pflegebedürftig sind und am freien Wohnungsmarkt schwerer eine Wohnung finden.

Zwar mag die Anzahl von gut 10.000 Stiftswohnungen der etwas über 100 Wohnstifte in Hamburg bei einem Gesamtwohnungsbestand von mittlerweile fast einer Millionen Wohnungen zunächst eher gering erscheinen. Doch schon allein im Zuge des demografischen Wandels werden Wohnstifte auch zukünftig ein wichtiger Akteur in der Wohnraumversorgung bleiben. Umso mehr begrüßen wir die Bereitschaft und Absicht einzelner Wohnstifte, sich in den großen Stadtentwicklungsgebieten auch im Neubau engagieren zu wollen.

Warum sind die Wohnstifte ein wichtiger Partner für die Hamburger Wohnungs- und Sozialpolitik?

In der Umsetzung unserer wohnungs- und sozialpolitischen Ziele sind wir auf viele verschiedene Akteure und Partner angewiesen. Die Hamburger Wohnstifte leisten somit einen enorm wichtigen Beitrag in der Versorgung der Bürgerinnen und Bürger mit bezahlbarem Wohnraum – verbunden mit weiteren sozialen und pflegerischen Dienstleistungen für die Bewohnerinnen und Bewohner. Das ist außergewöhnlich, zumal die Wohnstifte ein besonders verlässlicher Partner sind, weil sie im Sinne ihrer Satzungszwecke für die Ewigkeit angelegt sind.

Der Erhalt und die Weiterentwicklung der Wohnstifte sind wichtige Themenfelder Ihrer Behörde – wie unterstützen Sie die Betreiber*innen der Wohnanlagen konkret?

In meiner Behörde wurde schon vor gut fünf Jahren mit der Koordinierungsstelle Wohnstifte eine eigene Stelle zur Unterstützung der Hamburger Wohnstifte geschaffen, die durch verschiedene koordinierende Maßnahmen Hamburgs Wohnstifte tatkräftig unterstützt. In den meisten Fällen erfolgt das durch Einzel- und Verweisberatungen sowie in Form von Veranstaltungen und Fachgesprächen zur Wissensvermittlung und Vernetzung. Dabei geht es beispielsweise um Möglichkeiten der Wohnraumförderung, um spezifische Fragen der Barrierefreiheit und des Denkmalschutzes oder um bauliche Ergänzungen, Erweiterungen oder Modernisierungen auf Stiftungsgrundstücken.

Darüber hinaus unterstützt die Behörde für Stadtentwicklung und Wohnen Hamburgs Wohnstifte mit einer finanziellen Zuwendung bei architektonischen Planungen, die als Grundlage für ein Nachverdichtungsvorhaben dienen können. Denn immer wieder gibt es auf Grundstücken der Wohnstifte Optionen, Gebäude aufzustocken oder neu zu bauen und so das Wohnraumangebot zu erweitern. Dabei unterstützen wir Wohnstifte, die sich mit ganz unterschiedlichen

Folgende Doppelseite:
Das Stiftsviertel St. Georg mit den Neubauten des Hartwig-Hesse-Quartiers und den historischen und neuen Gebäuden der Amalie Sieveking-Stiftung ist auch ein gelungenes Beispiel für innerstädtische Nachverdichtung.

MOTEL ONE

Voraussetzungen dieser Herausforderung annehmen – und unsere Koordinierungsstelle begleitet diese Prozesse.

Die Hamburger Wohnstifte haben sich zu einem Bündnis zusammengeschlossen. Diesem sind mittlerweile fast 50 Stiftungen beigetreten. Wie beurteilen Sie diese Entwicklung?

Wir begrüßen die Entwicklung sehr, denn gerade in der täglichen Arbeit wird deutlich, wie wertvoll und hilfreich das Bündnis als Sprachrohr für die Kommunikation mit der Stadt ist. Es ergibt sich daraus zudem ein besserer Überblick über die konkreten stiftungsbezogenen Themen, bei denen wir unterstützen können. Viele Wohnstifte sind vollkommen unterschiedlich aufgestellt, stehen aber häufig vor ähnlichen Herausforderungen. Eine Bündelung der Interessen und der Kommunikation ist dabei für alle Seiten hilfreich.

Das Bündnis trägt somit insgesamt dazu bei, die Vernetzung zu intensivieren, Wissen zu teilen und die Professionalisierung zu erhöhen. Mit der Erfahrung von fünf Jahren konstruktiver Zusammenarbeit zwischen dem Bündnis und meiner Behörde blicke ich daher auch sehr optimistisch auf die zukünftige Zusammenarbeit.

Wie beschreiben Sie die aktuelle Zusammenarbeit mit den Stiftungen?

Mit wenigen Worten lässt sich die Zusammenarbeit als durchweg gut und sehr konstruktiv beschreiben, wie es sich auch zuletzt beim Thema Barrierefreiheit gezeigt hat. Bis spätestens zum Ende dieses Jahres muss laut Gesetz auch in Servicewohnanlagen,

Wohneinrichtungen und Gasteinrichtungen Barrierefreiheit hergestellt sein. Für Stiftungen, die gehäuft über alten denkmalgeschützten Bestand verfügen, ist das eine ganz besondere Herausforderung. Gemeinsam haben wir hier viel Gutes erreicht, Lösungen gefunden und in ganz besonderen Fällen auch Befreiungen erwirkt. Ein offener beidseitiger Dialog ist gerade für solche Prozesse unerlässlich.

In welchen Bereichen sehen Sie noch Potenzial?

Die zentralen Themen sind sicherlich Neubau und Nachverdichtung. Gerade in der Nachverdichtung liegt noch viel Potenzial und in Zusammenarbeit mit dem Bündnis wird derzeit geprüft, wie diese Potenziale gehoben werden können. Konkret möchten wir mehr Stiftungen zu Neubau im Bestand ermutigen. Neben der Komplexität von Nachverdichtungsvorhaben ist aber auch klar, dass insbesondere die gestiegenen Baukosten den Neubau für viele Wohnstifte erschweren. Als Antwort darauf wurden Anfang des Jahres die Förderkonditionen entsprechend verbessert.

Welche speziellen Fördermöglichkeiten können die Hamburger Wohnstiftungen nutzen?

Zwar gibt es in Hamburg keine einzelnen Förderungen, die speziell auf Wohnstifte zugeschnitten sind, doch tatsächlich braucht es die auch gar nicht: Unsere erfolgreichen bestehenden Wohnraumförderprogramme zum Neubau und zur Modernisierung stehen auch den Hamburger Wohnstiften uneingeschränkt zur Verfügung. Die Hamburgische Investitions- und Förderbank IFB Hamburg bietet sogar eine eigene Sprechstunde speziell für Wohnstifte an, um zur Förderlandschaft in Hamburg zu beraten.

Folgende Doppelseite: Von Süden in Richtung Hamburger Innenstadt blickend: In den städtischen Entwicklungsquartieren, wie hier in Wilhelmsburg, werden neue Stiftsquartiere gleich mitgedacht.

In Hamburgs Stiftsvierteln wie in St. Georg und Eppendorf besitzen viele Wohnstiftungen umfangreiche Wohnungsbestände. Aus dem Bündnis wurde die Idee entwickelt, dieses Modell neu zu interpretieren und in anderen Stadtteilen umzusetzen. Welche Chancen sehen Sie hierfür?

Indem Wohnstifte nicht nur neuen, langfristig bezahlbaren Wohnraum schaffen, sondern diesen mit weiteren Angeboten in Stiftsvierteln bündeln, ergeben sich allein aus der räumlichen Nähe vielfältige Vorteile. Leistungen und Angebote können aufeinander abgestimmt, verschiedene Zielgruppen erreicht und darüber hinaus Angebote für das gesamte Quartier – auch in Zusammenarbeit mit weiteren Akteuren – geschaffen werden. Ich denke dabei an Gemeinschaftsräume, soziale Dienstleistungen sowie Pflege- und weitere Versorgungsstrukturen. Damit ergänzen Stiftsviertel hervorragend die Angebote städtischer Akteure wie der SAGA und von Fördern & Wohnen.

In den städtischen Entwicklungsgebieten werden jetzt neue Stiftungsquartiere gleich mitgedacht. In Wilhelmsburg zum Beispiel werden zwei Baufelder speziell den Wohnstiftungen angeboten. Wie sollte das Wohnen für ältere Menschen in Hamburg zukünftig gestaltet sein?

Der Senat hat erst vor Kurzem den Aktionsplan „Age-friendly City – für ein altersfreundliches Hamburg" verabschiedet. Insgesamt ist es wichtig, dass Wohnungen für ältere Menschen komfortabel, barrierefrei und sozial integriert sind. Es geht darum, den Menschen ein möglichst lebenslanges selbstständiges Wohnen und die Teilhabe am Gemeinschaftsleben in der vertrauten Nachbarschaft zu ermöglichen, selbst wenn sie Unterstützungs- oder Pflegebedarf haben.

Auch das direkte Wohnumfeld soll zukünftig möglichst barrierefrei mit hoher Lebens- und Aufenthaltsqualität für alle Generationen sein. Dazu gehören insbesondere auch wohnortnahe Einzelhandels- und Dienstleistungsangebote, eine soziale und soziokulturelle Infrastruktur, barrierefreie Naherholungsflächen sowie ausreichend Sitzgelegenheiten und Sanitäreinrichtungen im öffentlichen Raum. Neue Stadtentwicklungsgebiete wie Wilhelmsburg bieten dafür hervorragende Bedingungen, um all diese Anforderungen an ein altersgerechtes Wohnumfeld in der Planung von Beginn an mitzudenken.

Frau Senatorin, wir danken Ihnen ganz herzlich für das Gespräch!

Frank Hatje

Hamburger Wohnstifte: Grundzüge und Schlaglichter aus sieben Jahrhunderten

Der Gotteskasten von St. Nikolai im Jahr 1527 – dargestellt als Triumph bürgerlichen Gemeinsinns, welcher der Stadt Frieden und Sicherheit bringt, sodass sich der geharnischte Kriegsmann zur Ruhe begeben kann.

I.

Die Bedeutung des Stiftungswesens kann für Hamburg nicht überschätzt werden.[1] „Die Stadt Hamburg ist als Pflegerinn der Armuth in der ganzen Welt längstens berühmt gewesen“ und die größten Staaten hätten „ihre Stiftungen zur Versorgung derselben“ nachgeahmt, schrieb der Ratssyndikus Johann Klefeker 1771. Zunächst einmal meinte er damit die offene Armenfürsorge der Gotteskasten, die 1527 im Zuge der Reformation bei den Hauptkirchen eingerichtet worden waren. Zum anderen spielte er damit auf das Waisenhaus, das Werk- und Zuchthaus und den Pesthof an, die allesamt Anfang des 17. Jahrhunderts ins Leben gerufen worden waren. Und – zum dritten – gebe es eine so große Zahl an Stiftungen, mit denen „Privati“ sich für die Armen zum „ersprießlichsten“ Nutzen des Gemeinwesens verwendet hätten, dass die Stadt hierin „gewiß einen Vorzug vor allen andern Reichs-Städten hat“.[2] Damit hatte er vielleicht weniger die Stipendien-, wohl aber diejenigen Stiftungen im Blick, die arme, bedürftige, kranke oder altersschwache Menschen mit Geld und/oder Naturalien wie Schuhen, Kleidung oder winters mit Feuerung unterstützten, ganz besonders aber die vier Armenschulen in der Neustadt rund um die Hauptkirche St. Michaelis, die an der Wende vom 17. zum 18. Jahrhundert gestiftet worden waren, und nicht zuletzt die Wohnstiftungen, von denen hier die Rede sein soll.

Man könnte soviel selbstbewussten Patriotismus der Übertreibung verdächtigen. Aber man täte es zu Unrecht, wie man gut 100 Jahre später auch mit Zahlen belegen konnte: Am Vorabend des Ersten Weltkriegs nahm die Stadt hinsichtlich der Stiftungsvermögen eine unangefochtene Spitzenposition im Kaiserreich ein – mit mehr als 80 Millionen Mark (einschließlich der Immobilienwerte der Wohnstiftungen vermutlich sogar mehr als 100 Millionen Mark) deutlich vor Berlin (72,4 Millionen Mark) und Dresden (50,9 Millionen Mark).[3] Dabei machten soziale, karitative und armenfürsorgerische Stiftungszwecke immer noch den weitaus größten Teil aus, obwohl Bildung, Wissenschaft, Kunst und Kultur im Laufe des 19. Jahrhunderts unter den Stiftungszwecken deutlich zugenommen hatten. Um 1910 leisteten private Stiftungen in Hamburg mit 2 Millionen Mark an Unterstützungen in Bargeld pro Jahr fast genauso viel wie die mittlerweile staatliche Armenfürsorge. Rechnet man Unterstützungen in Naturalien und die Ausgaben für Personal, Gebäudeunterhaltung usw. hinzu, dürften die Leistungen des privaten Sektors der Wohlfahrtspflege bei schätzungsweise 8 bis 11 Millionen Mark pro Jahr gelegen haben.[4] Zum Vergleich: Die Errichtung des 1897 fertiggestellten Rathauses hatte inklusive Einrichtung und künstlerischer Ausgestaltung 10,35 Millionen Mark gekostet.[5]

Diese Zahlen waren das Ergebnis eines einzigartigen Stiftungsbooms, der im 19. Jahrhundert zwar alle größeren und mittleren Städte Deutschlands erfasste – Hamburg aber besonders. Zwischen 1820 und 1870 wurden hier 130 Stiftungen neu errichtet; bis 1913 kamen noch einmal fast 300 hinzu.[6] Der hamburgische Stiftungsboom knüpfte indes an eine reiche Stiftungstradition an, die es in dieser Form nirgends sonst gab. Denn von den 353 Stiftungen, die das einschlägige Handbuch 1870 auflistete, existierten immerhin 11 % schon seit dem Mittelalter und 25,7 % waren zwischen 1530 und 1630, also zwischen der Einführung der Reformation und dem Dreißigjährigen Krieg, gegründet worden. Zudem hatte der Stadtarchivar Johann Martin Lappenberg in seiner 1845 erschienenen Untersuchung noch 429 weitere Stiftungen aufgeführt, für die er zwar urkundliche Belege hatte finden, aber keine aktuellen Nachrichten erhalten können. Der bei weitem größte Teil von ihnen datierte aus der Zeit vor 1650, die ältesten stammten aus dem 14. Jahrhundert.[7]

II.

Stiftungen sind in langfristige Sinnhorizonte und Wertvorstellungen eingebettet. Für die Menschen des Mittelalters stand dabei die Sorge um das Seelenheil im Vordergrund, d. h. durch „gute Werke" die Sündenlast abzutragen und damit am Jüngsten Tag der ewigen Verdammnis zu entgehen und das ewige Leben zu erlangen. Stiftungen waren da sehr effektive „Investitionen". Aus den Erträgen eines „zu ewigen Tagen" festgelegten Kapitals sollten dauerhaft heilswirksame Leistungen über den Tod des Stifters hinaus erbracht werden, der dafür als Gegengabe Fürbitten für seine Seele, die Seelen seiner Vor- und Nachfahren oder anderer Menschen einsammelte – im Idealfall bis zur Posaune des Jüngsten Gerichts einen immensen Schatz.

In diesem Sinne stifteten Hamburgs Bürger deutlich vor 1247 das Hospital zum Heiligen Geist, und nicht von ungefähr firmierte es in den Urkunden oft als „domus capellae sancti spiritus", als das zur Kapelle bzw. Heiliggeistkirche gehörige Haus. Diejenigen, die die Kranken pflegten, die Sterbenden trösteten und die Toten bestatteten, lebten als geistliche

Die Heiliggeistkirche von Süden. Links das Ökonomiegebäude, rechts die Küsterei und Prövenerhäuser (dahinter verdeckt der Rödingsmarkt). Das eigentliche Hospital samt Gasthaus befand sich links in Verlängerung des Kirchenschiffs. Stich von Petrus Schenck um 1715.

Gemeinschaft zusammen. Spenden, Legate und Schenkungen (darunter das Heiliggeistfeld und das Dorf Barmbek) finanzierten den Unterhalt, aber auch den Bau der großen Heiliggeistkirche und deren Ausstattung mit Altären, Messen und Stundengebeten – gegen Fürbitten oder das kirchliche Versprechen, dass den Spendern ein Teil ihrer Buße im Fegefeuer erlassen werde. Ähnlich verhielt es sich mit dem im Osten vor den Toren der Stadt gelegenen Hospital St. Georg, das vor 1220 durch den holsteinischen Landesherrn – ebenfalls mit einer Kirche – gestiftet worden war, und auch der Konvent der Beginen bei der Jakobikirche verdankte seine Existenz einer Schenkung der Holsteiner Grafen.[8] Doch der Löwenanteil der Stiftungen war bürgerlichen Ursprungs. So stif-

Altar der Lukasbruderschaft der Maler (1499), ursprünglich im Dom, seit 1804 in St. Jakobi. Der linke Flügel thematisiert das gemeinsame Mahl, die Gemeinschaft mit Christus und die Armenfürsorge der Bruderschaft, der rechte die Seelsorge an den Sterbenden und die Grabfolge der Bruderschaft.

tete das Ehepaar Johann und Gesche Kletze 1428 das Hospital St. Elisabeth („Ilsabeen-Haus" oder der „klene hillige gheyst") ausdrücklich „zur Ehre Gottes, Mariens, seiner lieben Mutter, und aller Heiligen Gottes und zur Hilfe und zum Trost ihrer Seelen, ihrer Eltern, ihrer Wohltäter und aller Christen Seelen", obschon es wohl auch als öffentliche Buße des Ratsherrn Kletze für ein von ihm verursachtes militärisches Desaster gedacht war, bei dem viele Hamburger Bürger den Tod gefunden hatten.[9]

Die Reformatoren – allen voran Martin Luther – entzogen der bis dahin gültigen Konstruktion die theologische Geschäftsgrundlage, indem sie darauf bestanden, dass es keinen anderen Weg zum Heil gebe als den Glauben und die Gnade Gottes. Johannes Bugenhagen, dessen Kirchenordnung 1529 gewissermaßen Bestandteil der hamburgischen Verfassung wurde, vertrat in Bezug auf die „guten Werke" einen differenzierteren Standpunkt.[10] Sie seien zwar nicht heilswirksam. Aber wer von dem Glauben an einen gnädigen Gott ergriffen sei, den dränge es, seinem Nächsten Gutes zu tun. Stiftungen, die Arme, Kranke, Witwen und Waisen unterstützten, hätten also weiterhin ihre volle Daseinsberechtigung. Alle anderen dagegen sollten schlicht umgewidmet und den biblisch begründeten „Werken der Barmherzigkeit" zugeführt werden. Denn das Gute, das man den Bedürftigen tut, erweist man Christus selbst, wie es im Matthäusevangelium heißt.

Das war ganz offensichtlich überzeugend. Die Bruderschaft „Unser Lieben Frauen Krönung im Dom", die mit den Ämtern (Zünften) der Fischer, Krämer und Höker verbunden war, löste sich 1529 auf und übertrug ihr Vermögen auf das von ihr selbst 1505 gegründete Hospital St. Hiob, wohingegen die meisten anderen Bruderschaftsvermögen wie auch das Heilig-Geist-Hospital und das Ilsabeen-Haus in die Obhut des Oberaltenkollegiums gegeben wurden,

Das Hiobhospital am östlichen Ende der Spitalerstraße, an der auch die Gotteswohnungen von Dirck Koster, Tile Nigel, Albert Hackmann und Joachim vom Kampe lagen. Das Gebäude stammt aus dem Jahr 1743, die Fotografie aus dem Jahr 1884, als das Hiobhospital in seinen Neubau in der Bürgerweide umzog.

das sich aus den drei ranghöchsten Gotteskastenverwaltern (Diakonen) der vier Hauptkirchen zusammensetzte.[11] Auch die mit dem Franziskanerkloster assoziierte St. Annen-Bruderschaft der Schiffer, die religiöse mit gleichsam berufsgenossenschaftlicher Daseinsvorsorge verband, löste sich im Zuge der Reformation auf, und zwar zugunsten der gerade erst gegründeten Schiffer-Gesellschaft. Nach fast 20jährigem „Fundraising" konnte diese 1556 das Schiffer-Armenhaus an der Schaartorsbrücke stiften, in dem bis zu 20 kranke oder invalide Seefahrer vorübergehend oder dauerhaft untergebracht werden konnten und dem später noch das Schifferwitwen-Armenhaus hinzugefügt wurde.[12]

Ganz ausdrücklich distanzierte sich die Bürgermeisterswitwe Anna Büring vom alten Glauben, als die 81jährige 1535 ihr 1503 aufgesetztes Testament widerrief, in dem sie Vigilien, Seelenmessen und Fürbitten für sich und ihre Verwandten gestiftet hatte, und mit einem Bekenntnis zur lutherischen Lehre ihr neues Testament einleitete. Darin bestimmte Anna Büring die Einnahmen ihres Brauhauses in der Bäckerstraße für eine Unterstützung des Hiobhospitals, ein Studien- oder Ausbildungsstipendium und einen Beitrag zum „Brautschatz" für eine „arme, ehrbare Jungfrau" sowie die Mieteinnahme aus ihrem Wohnhaus in der Steinstraße dazu, die sieben Gottesbuden, die dazu gehörten und „auch ewig dabei bleiben sollen", zum Behuf armer Leute in gutem Zustand zu erhalten. Außerdem sollten den Bewohnerinnen und Bewohnern pro Quartal drei Pfund Fleisch, zwei Pfennige, ein Roggenbrot und jährlich einen Sack (Holz-)Kohlen zukommen.[13]

Das Finanzierungsmodell war ebenso wie die architektonische Gestalt typisch für die frühneuzeitlichen Wohnstiftungen in Hamburg: Hinter dem straßenseitigen Haus erstreckten sich in der Tiefe des Grundstücks eine oder zwei einander gegenüberliegende Reihen von „Buden" entlang eines schmalen Hofplatzes. Was in Hamburg „Bude" genannt wurde, war ein kleines, meist einstöckiges Haus mit einem Hauptraum und im günstigsten Fall noch einer (Schlaf-)Kammer, bisweilen auch einem Obergeschoss für eine zweite Wohnung, die als „Sahl" bezeichnet wurde.[14] Nicht von ungefähr erinnert die Anlage etlicher „Gotteshöfe", soweit sie aus den Quellen rekonstruierbar ist, an die „Godshuizen" in Brügge oder Antwerpen bzw. die „Hofjes" in hollän-

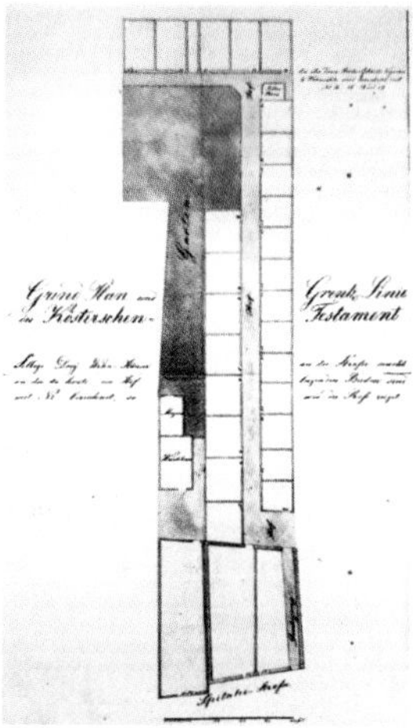

Die Dirck-Koster-Gotteswohnungen („Glockenhof"), neu erbaut 1748/49, links in einer Bleistiftzeichnung von Johannes Theobald Riefesell von 1893, oben im Grundriss von 1824.

Die Witwenwohnungen des Krameramts, errichtet 1676, in ihrem aktuellen Zustand. Eine der historischen Wohnungen ist vom Museum für Hamburgische Geschichte mit einer vollständigen Einrichtung aus der Zeit um 1850/60 ausgestattet worden.

dischen Städten. Im heutigen Hamburg können nur noch die – allerdings erst 1676 entstandenen – Krameramtswitwenwohnungen einen Eindruck davon vermitteln.

Im selben Jahr, in dem das Büringsche Testament errichtet wurde, errichtete Dirck Koster seinen Gotteshof, bei dem die beiden neugebauten, nachgehend fast durchweg an Handwerker vermieteten straßenseitigen Häuser samt Keller in der Spitalerstraße lagen. Das Grundstück, das er im Jahr zuvor vom St. Georgshospital erworben und um das Nachbargrundstück erweitert hatte, war so tief, dass der Platz für zwei Reihen mit insgesamt 24 Wohnungen und sogar einen Garten reichte.[15] In der sehr richtigen Einschätzung, dass die Bauinstandhaltung auf Dauer kostspielig werden könnte, ergänzte Koster die Mieteinnahmen zur Unterhaltung des Gotteshofs um Erträge aus Kapitalien, die er der Stiftung überschrieb. Auch er verfügte zudem, dass die Bewohnerinnen und Bewohner zusätzlich mit Naturalleistungen unterstützt wurden.

Der reiche Fernhandelskaufmann Koster war früh aktiv für die Reformation eingetreten und bekannte, Gott habe ihn „durch seine Milde und Barmherzigkeit" so mit zeitlichen Gütern gesegnet, dass er sich nicht damit begnügen könne, ihn dafür zu preisen, sondern ihm etwas zurückgeben müsse, indem er die Bedürftigen mit Almosen versieht, sie speist, kleidet und tröstet, statt seinen Reichtum mit Luxusgütern zu vergeuden – eine Motivation zu stiften, die nicht nur ihn bewegte.[16]

III.

Wohnen ist nicht nur ein Grundbedürfnis, sondern wurde in Hamburg offenbar schon früh zum Problem. Armutsrisiken lauerten überall: Krankheit, saisonale Erwerbslosigkeit, die schleichende Abnahme der Kräfte im Alter und damit einhergehend geringer werdende Einkünfte. Witwen und unverheiratete Frauen hatten zudem kaum eine Chance, eigenständig ein standesgemäßes Einkommen zu erarbeiten oder in vorgerückterem Alter zu heiraten. Stiftungen spielten in der Ökonomie der Notbehelfe, mit der die Menschen ihr Dasein fristeten, eine nicht geringe Rolle, auch wenn sie oft nur über die nächstliegende Klippe hinweghalfen. Umso gefragter waren Stiftungen, die eine Wohnung und gegebenenfalls Pflege gewährten, selbst wenn sie voraussetzten, dass die Unterstützten ihren sonstigen Lebensunterhalt aus anderen Quellen bestritten.

Das Hospital zum Heiligen Geist diente ursprünglich als Krankenhaus für akut Erkrankte, die zuhause weder Arzt noch Pflege hatten, und als Pilgerherberge. Doch schon die Um- und Erweiterungsbauten an der Wende zum 14. Jahrhundert lassen erkennen, dass es zwei weitere Gruppen von Menschen gab, die dort Kost und Logis genossen: 1. Pfründner (niederdeutsch: Prövener), die wohlhabend genug waren, sich mit einem Kapital einzukaufen, und dafür neben einigen Privilegien eine separate Wohnung, Verköstigung aus der Hospitalküche und im Krankheitsfall Pflege erhielten – also eine Art Vorsorge für das Alter auf Leibrentenbasis, die im Gegenzug das Stiftungsvermögen mehrte. Und 2. Menschen, die nach ihrer Genesung bleiben durften, weil sie altersschwach, arm und auch sonst unversorgt waren. Spätestens mit dem dreigeschossigen Neubau von 1559, der die Kapazität auf 150 Kammern verdreifachte, nahm das Haus gar keine akut Kranken mehr auf (und erst recht keine Pilger), sondern nur noch Männer und Frauen, die als arm und alt oder wegen chronischer Erkrankungen oder körperlicher Behinderungen hilfsbedürftig waren, Menschen, die ehemals ihren Lebensunterhalt im Handwerk, Kleinhandel, als Arbeitsleute, Dienstmagd oder Näherin erworben hatten.[17]

Die Aufgabe eines „Akutkrankenhauses“ sollte dann das als Pilgerherberge funktionslos gewordene Gasthaus des Hospitals übernehmen, das 1628 als „Gast- und Krankenhaus“ in die Unabhängigkeit entlassen wurde und einen dreigeschossigen Neubau erhielt, der einen Männer- und einen Frauensaal mit je 70 Betten bereitstellte. Allerdings wiederholte sich hier die Geschichte: Ein halbes Jahrhundert nach der Gründung waren die Betten durchweg mit altersschwachen, bedürftigen, oft bettlägerigen

Menschen belegt, und die Provisoren hielten eine Rückkehr zur ursprünglichen Bestimmung der Stiftung weder für zweckmäßig noch machbar.[18]

Ab dem 15. Jahrhundert finden wir in Hamburg dann auch Stiftungen, die nicht mehr wie die Hospitäler multifunktional waren, sondern ausschließlich Freiwohnungen für fast ausnahmslos weibliche Bedürftige und Betagte boten. Ob sich das Ilsabeen-Haus noch an den Typus des Hospitals anlehnte oder ob sich hier schon der Einfluss niederländischer „godshuizen" geltend machte, lässt sich nicht sagen. Auf jeden Fall hatten die 20 Frauen, die hier Kost und Logis erhielten, ihre eigenen Wohnungen, als das Hospital St. Elisabeth in das aufgelöste Franziskanerkloster St. Marien Magdalenen verlegt wurde – und von diesem dann auch den Namen übernahm. Von den (nunmehr sogenannten) „Klosterschwestern" wurden allerdings erhebliche, im 18. Jahrhundert bisweilen exorbitante Einkaufssummen verlangt, sodass die Aufnahme zwar eine Daseinsvorsorge darstellte, aber eine standesgemäße für Witwen oder unverheiratete Frauen aus den gehobeneren Mittelschichten.[19] Dem Typus des Gotteshofs scheinen auf jeden Fall drei Wohnstiftungen aus der zweiten Hälfte des 15. Jahrhunderts entsprochen zu haben, obwohl nicht viel mehr von ihnen überliefert ist, als dass sie existiert haben. Immerhin zwei von ihnen existierten noch bis 1882 bzw. 1905 am selben Ort: Die um 1450 von der St. Gertruden-Bruderschaft in den Kurzen Mühren errichtete Stiftung, die noch vier Jahrhunderte später 24 Frauen Unterkunft in 17 Freiwohnungen bot, und die von Tile Nigel noch zu Lebzeiten, also vor 1491, gestifteten sieben Gottesbuden in der Spitalerstraße, die 1684 und 1727 durch Neubauten ersetzt und 1836 um 6 Buden und 6 „Sähle" erweitert wurden.[20]

IV.

Dass die Wohnverhältnisse beengt waren, galt für Gotteswohnungen und Hospitäler gleichermaßen. Man wohnte dort in einer Nachbarschaft, die wenig Privatheit im heutigen Sinne kannte. Das war an sich nichts Ungewöhnliches, da das mittelalterlich-frühneuzeitliche Zusammenleben von einer Kultur der gegenseitigen Wahrnehmbarkeit, nachbarschaftlichen Kontrolle, gegebenenfalls Hilfe, aber unvermeidlich auch von Konflikten geprägt war.[21] Dessen nahmen sich Statuten und Hausordnungen von Hospitälern und Gotteshöfen an, „um die Ehre Gottes zu vermehren, [...] und liebe, freundliche, christliche Eintracht [...] zu halten", wie Dirck Koster es formulierte.[22]

Die Pflichten der „um Gottes willen" Aufgenommenen waren in Hospitälern und Gotteshöfen sehr ähnlich – und dies im gesamten norddeutschen Raum.[23] An erster Stelle stand die Einhaltung religiöser Pflichten als Gegenleistung für die empfangenen Wohltaten. Dirck Koster ließ nur Krankheit als Entschuldigungsgrund gelten, den Sonntagsgottesdienst in St. Jakobi zu versäumen, und forderte zudem, die Wochentagspredigten in der Kirche des Hiobhospitals zu besuchen, und Reineke Reineken verlangte zur Aufnahme in seine Gotteswohnungen gar die Kenntnis von Luthers „Kleinem Katechismus".[24]

Verlangt wurde auch sonst ein „christlicher Lebenswandel". Fluchen und gotteslästerliche Reden – bisweilen ausdrücklich auch „Trunckenbolde" – sollten von den Vorstehern nicht geduldet werden. Tratschen und Müßiggang wurden ungerne gesehen. Mit Ausweisung aus der Wohnung wurde gleichfalls ein Verhalten bedroht, wenn es wiederholt zu „Unfrieden, Zwist, Streit und Hader" Anlass gab. Die Bewohnerinnen und Bewohner sollten einander – wie

Reineken formulierte – „als Schwester und Bruder [...] von gantzem Herzen“ lieben. Vor allem wurde von ihnen – wie in den Hospitälern – erwartet, dass sie sich gegenseitig im Krankheitsfall pflegten und versorgten.[25] Im Kern spiegelten diese Regeln des Zusammenlebens die Werteordnung der frühneuzeitlichen Stadt wider: Friede und Eintracht, gegenseitige Unterstützung, getreue Verwaltung, und dies unter den Vorzeichen des „wahren Glaubens“. So betrachtet sollte ein Gotteshof das Ideal einer idealen Gemeinschaft repräsentieren, und erstaunlich selten vermerken die Stiftungsprotokolle des 17. und 18. Jahrhunderts Verstöße gegen den „christlichen Lebenswandel“, die Anlass zu Ermahnungen oder gar Sanktionen gaben.

Eine aus heutiger Sicht befremdliche Regelung übernahmen einige Gottesbuden-Stiftungen von den Hospitälern des Mittelalters: Wer aufgenommen wurde, musste alle seine Habe mitbringen, durfte seinen Besitz zwar zur „eigenen Behaglichkeit“ benutzen, nach seinem Tod aber erbte die Stiftung den Nachlass. Im günstigsten Fall deckte dessen Verkauf die Begräbniskosten. Bisweilen wurde Brauchbares auch eingelagert, um diejenigen mit dem Nötigsten ausstatten zu können, die nicht einmal das bei ihrer Aufnahme besaßen, wie z. B. Betten und Bettzeug oder Kleidung.[26]

V.

Um 1500 bot die hamburgische Stiftungslandschaft circa 180 mehr oder minder bedürftigen Menschen auf Dauer eine kostenfreie Unterkunft. Um 1650 waren es mindestens 850.[27] Einen bedeutenden Anteil an der Vervielfachung der Plätze hatten der Neubau des Heiliggeisthospitals sowie das Gast- und Krankenhaus. Auch das Hiobhospital schuf zunächst in den 1540er Jahren Möglichkeiten zur Aufnahme von bis zu 48 „Prövenern", und 1613 verkauften die Provisoren drei der fünf Brauhäuser aus dem Stiftungsvermögen, um 20 Gotteswohnungen zu errichten, die 1772 noch einmal um 18 Kammern vermehrt und ausschließlich an vermögenslose Frauen vergeben wurden.[28] Doch davon abgesehen ging mehr als die Hälfte der Gotteswohnungen auf 24 neu errichtete Stiftungen zurück, von denen 21 in den testamentarischen Verfügungen von Bürgern, Bürgerswitwen oder Ehepaaren „zu ewigen Tagen" verankert waren.[29] Das Ausmaß individueller Stiftungsbereitschaft ist dabei ebenso bemerkenswert wie der Umstand, dass zwei Drittel dieser Privatstiftungen zwischen 1570 und 1630 ins Leben gerufen wurden.

Dass der lutherische Glaube und die von ihm geprägte Kultur maßgeblichen Einfluss auf diese Stiftungswelle hatte, ist schon deutlich geworden. Doch damit allein lässt sie sich nicht erklären. Drei weitere Faktoren kamen hinzu.

1. Die Grafen von Holstein hatten Hamburg im 13. Jahrhundert mit so weitreichenden Privilegien gefördert, dass sich die Stadt faktisch autonom regieren und verwalten konnte. Damit war ihr Aufstieg zur freien Reichsstadt im Grunde vorgezeichnet – genauso wie das Selbstbewusstsein der Bürger, ihre Lebensverhältnisse eigenständig zu gestalten.[30] So überrascht es nicht, dass das Stiftungswesen bis ins 19. Jahrhundert praktisch keinen juristischen Vorgaben unterlag, sondern im Hinblick auf die Stiftungszwecke und deren Erfüllung „zu ewigen Tagen" von einem allgemeinen gesellschaftlichen Konsens getragen wurde. Dazu trug bei, dass die Stifterinnen und Stifter wie auch die Stiftungsverwalter durch familiäre und geschäftliche Beziehungen oder qua Amt eng miteinander vernetzt waren.[31]

Die Stifterinnen und Stifter legten fest, wer nach ihrem Ableben an ihrer Stelle in den Jahrhunderten bis zum Jüngsten Tag handeln sollte. Dabei bevorzugten sie ihre direkten Nachfahren. Da aber selbst die verzweigteste Familie aussterben konnte, wurden oft zusätzlich oder stattdessen Männer von Amts wegen zur Administration bestimmt, die einer Institution angehörten, die nach menschlichem Ermessen nicht aussterben konnte, vorzugsweise also Pastoren, ehrenamtliche kirchliche Amtsträger und Ratsherren. Ein Blick in das Stiftungsverzeichnis von 1870 zeigt, wie langlebig und prägend das Prinzip war.[32]

Wer stiftete, lebte nicht nur im Namen der Stiftung fort, sondern erwarb sich auch den Ruhm eines Wohltäters am „gemeinen Besten" der Stadt und bestätigte damit den Rang und Status, den er zu Lebzeiten erworben hatte. Von diesem Ansehen konnten und sollten auch die Nachfahren zehren – besonders wenn sie zugleich Mitverwalter der Stiftung waren (und damit, nebenbei bemerkt, auch ein persönliches Interesse am Fortbestand und Florieren der Stiftung ihres Vorfahren hatten).[33]

Unter denen, die Gotteswohnungen stifteten, befanden sich je vier Bürgermeister (Albert Hackmann, Joachim vom Kampe, Hieronymus Vogeler, Hermann Wetken), Ratsherren (Meino von Eitzen, Wilhad Hartken, Nicolaus Jarre, Erich Soltow) und Oberalte (Hieronymus Knackenrügge, Johann Koop, Thomas Koppen, Reineke Reineken). Bei keinem anderen Stiftungstyp waren die höchsten Ämter der Stadtrepublik so auffällig unter den Stiftern vertreten.[34] Dazu zu rechnen ist überdies Anna Büring, die Witwe des 1499 gestorbenen Bürgermeisters Henning Büring. Dirck Koster hatte immerhin das angesehene Amt eines Kirchgeschworenen inne, ein Amt, das

Epitaph des 1581 verstorbenen Bürgermeisters Albert Hackmann, der 1579 zehn Gottesbuden in der Spitalerstraße stiftete. In der Inschrift dazu bekennt Hackmann seinen Glauben an die Erlösung und das ewige Leben durch Christi Kreuzestod.

auch Reineken bekleidet hatte, abgesehen davon, dass letzterer 25 Jahre lang zu den Testamentarien (Stiftungsverwaltern) der Kosterschen Gotteswohnungen gehörte und Schwiegersohn des Bürgermeisters Johann Hülpe war, der seinerseits von Anna Büring als einer ihrer fünf Testamentsverwalter eingesetzt worden war.[35] Dies ist nur eines von unzähligen Beispielen für das dichte Netzwerk von Stiftern und Stiftungsverwaltern, die sich offensichtlich gegenseitig zum Stiften anstifteten.

2. Spätestens im 16. Jahrhundert ließ Hamburg seine Prägung als „Brauhaus der Hanse" hinter sich, entwickelte sich in rasantem Tempo zur Handelsmetropole und generierte einen immensen Wohlstand – und damit Vermögenswerte, die auch dem Stiftungswesen zugutekamen. In Ermangelung anderer

Datenreihen ist die Bevölkerungsentwicklung ein guter Indikator: Um 1500 hatte Hamburg schätzungsweise 14.000 Einwohner, um 1550 waren es 20.000, und bis 1650 verdreifachte sich die Zahl auf 60.000. Um 1700 war Hamburg nach Wien die zweitgrößte Stadt des deutschsprachigen Raums und neben Amsterdam und London die wichtigste Drehscheibe für Waren- und Geldströme nördlich der Alpen.[36] Die Stifterinnen und Stifter, die zwischen 1570 und 1630 dem „gnädigen Gott" für die Vermehrung ihrer „zeitlichen Güter" und damit ihres „wohlgewonnenen Gutes" dankten, hatten also allen Grund dazu.

Die demografische war mit der wirtschaftlichen Entwicklung verknüpft und resultierte aus Zuwanderung. Ökonomisch profitierte die kaufmännische Oberschicht vor allem von Protestanten und Sepharden aus den Niederlanden.[37] Schwieriger wurde es im Handwerk. Denn mit dem Bevölkerungswachstum entwickelten sich Preise und Löhne in entgegengesetzte Richtungen, sodass die Zahl derer, die von Armut bedroht oder schon bedürftig waren, zunahm. Insofern verwundert es nicht, dass fast alle Gotteswohnungen, -buden und -höfe in der Spitaler-, Rosen- und Lilienstraße – also im notorisch ärmsten und im Wesentlichen von Handwerk geprägten Kirchspiel St. Jakobi – errichtet wurden. Zumal Wohnen auch in dieser Gegend erheblich teurer wurde und sich die Grundstückspreise zwischen 1535 und 1565 verdoppelten.[38]

3. Die knapp hundert Jahre, in die die Vervielfachung der Wohnstiftungen fiel, waren insgesamt eine Phase eines quasi systematischen Ausbaus armenfürsorgerischer Institutionen. Dabei ist zu bedenken, dass alles auf diesem Sektor im Wesentlichen ehrenamtlich organisiert und zu großen Teilen mit Geldmitteln der Bürger finanziert wurde – angefangen bei den Gotteskästen, die das Rückgrat der offenen und

Hausarmenfürsorge bildeten.[39] So wurde die Gründung des seinerzeit größten und „modernsten" Waisenhauses in Norddeutschland von zwei aus den Niederlanden stammenden Kaufleuten angestoßen und aus Spendensammlungen und Legaten finanziert, weil die Versorgung von Vollwaisen durch die Gotteskästen unzulänglich war. Der Fernhandelskaufmann, Waisenhausvorsteher und Gotteskastenverwalter Hieronymus Knackenrügge erkannte indes eine weitere Lücke im System: die Versorgung von alleinerziehenden Witwen mit minderjährigen Kindern, die nicht nur von den Gotteskästen unzureichend unterstützt wurden, sondern auch von den meisten Wohnstiftungen ausdrücklich ausgeschlossen waren. Deshalb konzipierte Knackenrügge eine einzigartige Kombination aus 28 Gotteswohnungen, in denen Witwen mit ihren Kindern unterkommen konnten, bis das jüngste konfirmiert war und in die Lehre ging, und einer Freischule für 60 Kinder, die mehrheitlich mit ihren Müttern in den Gotteswohnungen wohnten. Realisiert wurde sie allerdings erst nach Knackenrügges Tod im Jahre 1611 durch dessen Testamentsverwalter und Schwiegersohn Johann Sillem, der mittlerweile ebenfalls zum Waisenhausvorsteher gewählt worden war und zusammen mit zwei Kollegen den Anstoß zur Gründung des Werk- und Zuchthauses nach Amsterdamer Vorbild gab, das 1622 – wiederum weitestgehend aus Privatmitteln der Bürger finanziert – eröffnet wurde.[40]

Damit endete aber auch eine Ära. Die Idee Knackenrügges wurde von niemandem wiederaufgegriffen. Neue Gotteswohnungen, -buden und -höfe wurden – von wenigen Nachzüglern abgesehen – für die nächsten zweihundert Jahre nicht mehr gestiftet, wie überhaupt die Zahl der neuen Stiftungen gerade im 18. Jahrhundert stark rückläufig war.

VI.

Preiswerter Wohnraum war bis ins letzte Viertel des 18. Jahrhunderts vermutlich weniger rar als zuvor, obwohl die Einwohnerzahlen weiterhin stiegen. (Die erste Volkszählung ergab 1811 106.983 Menschen, die in 8.109 Häusern, 10.752 Sählen und 2.951 Buden wohnten.[41]) Denn in die neuen Festungswerke, die von 1615 bis 1626 um die Stadt gelegt worden waren, war ein weitgehend unbebautes Areal als Neustadt einbezogen worden, das die Fläche der Stadt fast verdoppelte. Erst in den 1790er Jahren gerieten – infolge eines beispiellosen Aufschwungs im Handel – der rasant steigende Bedarf an Lagerraum und der gleichzeitig steigende Bedarf an Wohnraum in Konkurrenz zueinander und da es der Markt erwartungsgemäß nicht richtete, ging die Konkurrenz zugunsten der Kaufleute und Vermieter aus.[42]

Schon im 17. Jahrhundert zeichnete sich ein Mentalitätswandel ab. Armut und ganz besonders das allgegenwärtige Betteln wurden als Phänomene begriffen, denen man nur auf gesamtstädtischer Ebene begegnen konnte – eine Ansicht, die durch die Aufklärung noch verstärkt wurde. Eine ökonomische Strukturanalyse der Armutsursachen nährte den Fortschrittsoptimismus, man könne mit einem gänzlich neuen Ansatz, der Armenfürsorge mit Armutsprävention verband, Armut am Ende ganz abschaffen. Realisiert wurde das entsprechende Konzept aus der Feder von Johann Georg Büsch 1788 in der Allgemeinen Armenanstalt, die schlagartig zu dem großen patriotischen Projekt des Hamburger Bürgertums wurde, fast vollständig auf Ehrenamtlichkeit beruhte und weitestgehend aus regelmäßigen Spenden finanziert wurde.[43] Um 1800, so schien es, war das Errichten von Stiftungen eine vom Aussterben bedrohte Handlungsform.

Dies sollte sich nach den Wirrnissen der Franzosenzeit (1806-1814) gründlich ändern. Vier Faktoren waren dafür maßgeblich.

1. Bei der Wiedereröffnung der Armenanstalt 1815 hatte man den Leistungsrahmen drastisch reduziert und überdies die armutspräventiven Intentionen gekappt. 1865 wurde sie – nach zeitweilig heftigen Debatten – endgültig verstaatlicht.[44] Die vorherrschende Kombination aus liberalem Staatsverständnis und konservativ-paternalistischem Gesellschaftsmodell hatte schon in den 1830er Jahren die Vorstellung entwickelt, dass der Staat allenfalls für die nackte Existenzsicherung der „Armutshefe", wie sich Carl Godeffroy auszudrücken beliebte, zuständig sei, während alles andere der freien Initiati-

Das 1851/52 errichtete Schröderstift für „Personen höheren Standes, die dessen bedürfen" und „unverschuldet in Noth gerathene" Frauen. In der Mitte des Hauptgebäudes die stiftungseigene Kapelle. Lithographie von Wilhelm Heuer 1854.

ve privater bürgerlicher Wohltätigkeit überlassen bleiben sollte.[45]

2. Geschichtsdenken spielte eine wichtige Rolle in der Bürgerkultur des 19. Jahrhunderts. Auch dies beförderte die Renaissance des Stiftens. Stiftungen galten als lebendes Denkmal christlich-mildtätigen Wirkens des Hamburger Bürgertums seit dem Mittelalter. Keine Feierstunde, keine Festrede blieb ungenutzt, um auf die Tradition der Vorväter zu verweisen und damit öffentlich gleichsam das Versprechen abzugeben, dass die Errichtung einer Stiftung dem Stifter gesellschaftliche Anerkennung über seinen Tod hinaus bringen werde. So berichteten die Zeitungen von der Grundsteinlegung bzw. dem Richtfest des 1851/52 errichteten Schröderstifts mit einem

Portal zum (Ersten) Amalienstift mit dem darüber angebrachten Bibelzitat: „Vertraget einander in der Liebe und seid fleissig zu halten die Einigkeit im Geist durch das Band des Friedens."

hymnischen, wenn auch sprachlich etwas verunglückten Pathos: „Es ist ein Haus auf das unsere Vaterstadt stolz blickt; ein Haus, dem das Vaterland [...] zuschaut und es rühmt als ein Werk echt hamburgischen Geistes und Wesens [...]; ein Haus, das den Namen des Stifters hinaus auf viele Generationen in Segen vererben wird".[46]

3. Eine nicht zu vernachlässigende Komponente, die den Stiftungsboom begünstigte, wurzelte im Religiösen. Auch wenn die von englischen Bibel- und Missionsgesellschaften geförderte Erweckungsbewegung in Hamburg zahlenmäßig in der Minderheit blieb, war sie doch ungemein aktiv und nahm sich der Felder an, die die Allgemeine Armenanstalt ab 1815 brach liegen ließ. Maßgeblichen Einfluss hatte der von Amalie Sieveking gegründete und geleitete „Weibliche Verein für Armen- und Krankenpflege", der mit dem 1839/40 errichteten Amalienstift mit zu den ersten gehörte, die den Hamburger Bestand an Wohnstiftungen vermehrten. Dass das Amalienstift

über eine Kinderkrankenstation, ab 1847 gar ein Kinderhospital verfügte, dokumentiert den Detailblick auf Notlagen, der sich aus dem persönlichen Kontakt zwischen den Bürgerinnen und den Bedürftigen ergab; dass das Amalienstift bis 1914 auf neun Häuser erweitert werden konnte, ist ein gutes Beispiel dafür, mit welchem Nachdruck sich Vereine, Privatpersonen und Stiftungen im Umfeld von Erweckungsbewegung, Diakonie und Innerer Mission um Antworten auf die „sociale Frage" bemühten.[47]

4. Während das Bürgertum Ende des 18. Jahrhunderts noch gehofft hatte, aus unterbürgerlichen untere bürgerliche Schichten machen zu können und Anfang des 19. Jahrhunderts die „klassenlose Bürgergesellschaft" als Ziel gesellschaftlicher Entwicklung ansah, nahmen der Reichtum der Oberschicht und die Armut der „labouring poor" gleichermaßen zu. 1848 bezogen rund 70 % der Beschäftigten ein Einkommen, das unterhalb der Besteuerungsgrenze lag.[48] Proletariat und Arbeiterklasse wurden vom Bürgertum als notwendiges Übel, aber auch als Bedrohung der Bürgerlichkeit betrachtet, weil sie ein Dasein fristeten, in dem es wenig bis gar keinen Raum gab für die bürgerlichen Begriffe von Sitte, Tugend oder Bildung. Diese Frontstellung wurde in der zweiten Jahrhunderthälfte noch durch Urbanisierung, Industrialisierung und vor allem durch das exponentielle Bevölkerungswachstum verschärft. Als bedrohlich empfand das Großbürgertum aber nicht nur die anwachsende Arbeiterklasse, ohne die ihr immenser Reichtum nicht hätte erwirtschaftet werden können, sondern auch die mit dem rasanten Wandel verbundenen Verarmungsrisiken der bürgerlichen Mittelschichten.

VII.

Nirgendwo sonst in Deutschland wurden in gleichem Maße nicht nur die bereits bestehenden spätmittelalterlich-frühneuzeitlichen Wohnstiftungen mit Neubauten versehen, sondern auch deren Zahl durch neu errichtete Stiftungen vervielfacht.[49] Während Senat und Bürgerschaft mit der Vergabe von Baugrund die Gründung neuer Wohnstifte förderten und zugleich zunächst nach St. Georg und später nach Eppendorf lenkten, verschwanden die alteingesessenen Gotteswohnungen und Hospitäler erst ab den 1880er Jahren aus der Innenstadt und machten so den Weg zur Arrondierung der City-Bildung frei.[50]

Unter den Stifterinnen und Stiftern, die im 19. Jahrhundert Wohnstifte errichteten, überwogen die Zugewanderten und nicht die alteingesessenen Kaufmannsfamilien. Gewiss, die immer noch eng vernetzte Hamburger Oberschicht hieß erfolgreiche „Newcomer" willkommen. Aber die Gründung einer Wohnstiftung scheint doch immer noch das Mittel der Wahl gewesen zu sein, um den erreichten Status dadurch zu untermauern, dass man sich in eine herausragende Tradition stellte. So war der Bremer Daniel Schutte 1835 als Überseekaufmann nach Hamburg gekommen, hatte eine Nichte Hartwig Hesses geheiratet und war 1855 in den Vorstand des Hesse'schen Witwen-Stifts gewählt worden. Das Ehepaar Schutte designierte in seinem Testament dann rund 1,4 Millionen Goldmark – knapp die Hälfte ihres Gesamtvermögens – für die Errichtung von 57 Freiwohnungen und einen Miete-Unterstützungsfonds.[51]

Dass Schutte seine Freiwohnungen für Famlien oder Einzelpersonen „aus den s. g. besseren Ständen der Gesellschaft, die früher in günstigeren Verhältnissen gelebt haben" reservierte, war typisch für das gesamte 19. Jahrhundert. Aufnahmekriterien und Hausordnungen legen fast durchweg ein beredtes Zeugnis vom Willen der Stifter und/oder Administratoren ab, dass die Freiwohnungen einen Raum

Das Jenisch-Stift, wie es ursprünglich geplant war. Das Hauptgebäude in der Mitte wurde 1895 errichtet - in dem Jahr, in dem auch die Lithographie entstand. Weitere Gebäude wurden jedoch nicht mehr realisiert.

bieten sollten, in dem Bürgerlichkeit gelebt, Tugend, Arbeitsamkeit und Respektabilität an den Tag gelegt werden konnten. Unterstrichen wurde diese Tendenz dadurch, dass zumindest die großen Neubauten an zentraler Stelle einen Betsaal oder – wie beim Schröder-Stift – gar eine Kapelle vorsahen, um der Idee einer christlichen Hausgemeinschaft Ausdruck zu verleihen.

Ganz dieser Konzeption verpflichtet war das Jenisch-Stift, das Fanny Henriette Jenisch in Erinnerung an ihren Ehemann, den Senator Martin Johann Jenisch, in (noch) ländlicher Umgebung und mit einer geradezu gutsherrlich anmutenden Gesamtanlage geplant hatte und dessen erstes Haus 1895 eingeweiht werden konnte. Die Freiwohnungen wurden vergeben an „hilfsbedürftige Personen, welche früher in besseren Verhältnissen gelebt haben". Aus-

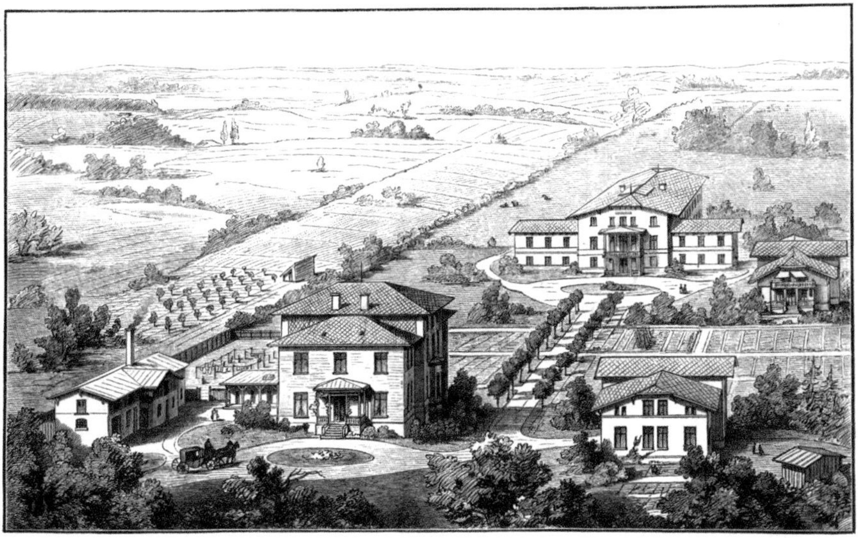

Die „Stiftsfamilie“ Anscharhöhe 1886: Vorne in der Mitte das Emilienstift, rechts daneben der Kastanienhof, am Ende der Allee das Siechenhaus Emmaus und rechts daneben das Haus Bethanien.

drücklich ausgeschlossen aber waren – und das ist eine wesentliche Pointe – „Personen, welche von der öffentlichen Armenpflege unterstützt werden“.[52] Die Grenzziehung zu Proletariat und Arbeiterklasse war unmissverständlich – der Wille die in ihrer Existenz bedrohte Mittelschicht zu stützen ebenso.

In derselben ländlichen Idylle und in unmittelbarer Nachbarschaft zum Jenisch-Stift befand sich eine andere Stiftung, die den Ansätzen von Erweckungsbewegung und Innerer Mission verpflichtet war und Frauen in sozialreformerischer Absicht aus dem Großstadtdschungel der Gängeviertel herausholen wollte. Angeregt durch Pastor Carl Ninck hatte hier die unverheiratete Emilie Jenisch der Kapellengemeinde St. Anschar 18 Morgen Land geschenkt und dort das Emilienstift als „Erziehungsanstalt für sittlich gefährdete […] Mädchen zwischen 14 und 21 Jahren“ gegründet, die unter einer „Hausmutter“ und mit Anleitung von Diakonissen zu Hauswirtschafterinnen und Dienstbotinnen ausgebildet werden sollten. Dem wurde bald das schon 1835 von

Johann Hinrich Wichern am Rauhen Haus eingerichtete Haus angeschlossen, das Mädchen zwischen 6 und 14 Jahren eine Form von Familienerziehung angedeihen ließ. Dem wiederum folgten 1886 zwei Häuser für kranke, sieche oder altersschwache Frauen, 1900 eine Heilstätte für suchtkranke Frauen und 1902 noch ein Pensionat für „junge Mädchen aus gebildeten Ständen".[53] Unmissverständlich ging es hier also weniger um das Bewahren von als um das Erziehen zur Bürgerlichkeit.

Wie dreihundert Jahre zuvor am Stadtrand fanden sich hier erneut Wohnstiftungen zusammen, die insgesamt die gesamte Bandbreite städtischer Not- und Bedarfslagen abbildeten und mit ihren unterschiedlichen Ansätzen zu mildern versuchten – mit Blick auf die Gegenwart und auf eine siebenhundertjährige Tradition, Verantwortung für das Gemeinwohl zu übernehmen.

Anmerkungen

Hamburger Wohnstifte: Grundzüge und Schlaglichter aus sieben Jahrunderten

Seiten 30 bis 57

1 Zur hamburgischen Stiftungsgeschichte insgesamt Imke Johannsen: Stifter und Stiftungen im frühneuzeitlichen Hamburg, Göttingen 2020; Michael Werner: Stiftungsstadt und Bürgertum. Hamburgs Stiftungskultur vom Kaiserreich bis in den Nationalsozialismus, München 2011; Frank Hatje: „Gott zu Ehren, der Armut zum Besten". Hospital zum Heiligen Geist und Marien-Magdalenen-Kloster in der Geschichte Hamburgs vom Mittelalter bis in die Gegenwart, Hamburg 2002. – Nach wie vor unverzichtbar sind Johann Martin Lappenberg: Die milden Privatstiftungen in Hamburg, Hamburg 1845; Hermann Gries (Bearb.): Die milden Privatstiftungen, Hamburg 1870; Hermann Joachim (Bearb.): Handbuch der Wohltätigkeit in Hamburg, 2. Aufl., Hamburg 1909. – Als Quelle wichtig sind Nicolaus Staphorst: Historia Ecclesiae Hamburgensis Diplomatica, das ist: Hamburgische Kirchen-Geschichte aus glaubwürdigen und mehrentheils noch ungedruckten Urkunden, 1. Theil, Bde. 2 und 4, Hamburg 1725 und 1731; Jonas Ludwig von Heß: Hamburg topographisch, politisch und historisch beschrieben, 2., bearb., verm. Aufl., Bde. 1 und 2, Hamburg 1811.

2 Johann Klefeker: Sammlung der Hamburgischen Gesetze und Verfassungen [...] samt historischen Einleitungen, Bd. 1, Hamburg 1765, S. 227, 281 f.

3 Handwörterbuch der Kommunalwissenschaften, Bd. 4, Jena 1924, S. 90 f.

4 Stephen Pielhoff: Paternalismus und Stadtarmut. Armutswahrnehmung und Privatwohltätigkeit im Hamburger Bürgertum 1830 – 1914, Hamburg 1999, S. 17.

5 Hamburg und seine Bauten 1914, Hamburg 1914, Bd. 1, S. 103 f.

6 Pielhoff, Paternalismus, S. 327.

7 Frank Hatje: Stiftung, Stadt und Bürgertum. „Konjunkturen" karitativer Stiftungen vom 16. bis 19. Jahrhundert, in: Die alte Stadt 33 (2006), S. 219 – 248, hier: S. 246.

8 Hatje, „Gott zu Ehren", S. 120 – 161; Henrich Hoeck: Kurzgefasste documentirte Nachricht von der alten, 1748 völlig abgebrochenen St. Georgs Kirche in der Vorstadt vor Hamburg, in: ders. (Hg.), Historisch-theologisches Denkmahl der in St. Georg neu erbauten Heil. Dreieinigkeitskirche, Hamburg 1750, S. 1 – 49; Cypriano

F. Gaedechens: Der Convent der Beginen in Hamburg und seine Umwandlung in ein Jungfrauenstift, Hamburg 1868. Vgl. auch Heß, Hamburg, Bd. 1, S. 329 – 333 sowie Bd. 2, S. 255 – 264.

9 Hatje, „Gott zu Ehren", S. 162 – 170.

10 Vgl. Tim Lorentzen: Johannes Bugenhagen als Reformator der öffentlichen Fürsorge, Tübingen 2008.

11 Hatje, „Gott zu Ehren", S. 187 – 208; Helmut Puff: Das Hamburger Hiobshospital in der frühen Neuzeit, in: Hamburger Zustände. Jahrbuch zur Geschichte der Region Hamburg 1 (1988), S. 183 – 207; Heß, Hamburg, Bd. 2, S. 172 – 175.

12 Walter Kresse: Von armen Seefahrern und den Schifferalten zu Hamburg, Hamburg 1981, S. 12 – 26; Heß, Hamburg, Bd. 2, S. 220 – 224.

13 Staphorst, Kirchen-Geschichte, I/4, S. 485 – 491.

14 Friedrich Winkelmann: Wohnhaus und Bude in Alt-Hamburg. Die Entwicklung der Wohnverhältnisse von 1250 bis 1830, Berlin 1937. – „Gotteswohnungen", „-buden" oder „-höfe" hießen die Wohnstiftungen, weil die Menschen dort „um Gottes willen", also armutshalber mietfrei, wohnten, bisweilen auch „Testamentswohnungen", weil sie als Stiftungen per Testament errichtet worden waren.

15 Peter Gabrielsson: Von Gottesbuden zum Wohnstift. Die Geschichte der hamburgischen Stiftung „Dirck Koster Testament" 1537 – 1977, S. 18 – 37, 65, 107, 97 – 103.

16 Gabrielsson, Gottesbuden, S. 25 – 28; vgl. das Testament von Gesche Lose in: Staphorst, Kirchen-Geschichte, I/4, S. 624 f.

17 Hatje, „Gott zu Ehren", S. 120 – 161, 320 – 352.

18 Frank Hatje: Das Gast- und Krankenhaus in Hamburg 1248 – 1998, Hamburg 1998.

19 Hatje, „Gott zu Ehren", S. 162 – 170, 409 – 422.

20 Lappenberg, Privatstiftungen, S. 31, 73 – 75.

21 Vgl. dazu Joachim Eibach: Das offene Haus. Kommunikative Praxis im sozialen Nahraum der europäischen Frühen Neuzeit, in: Zeitschrift für Historische Forschung 38 (2011), S. 621 – 664; ders., Inken Schmidt-Voges (Hg.), Das Haus in der Geschichte Europas. Ein Handbuch, Berlin, Bosten 2015.

22 Zit. n. Gabrielsson, Gottesbuden, S. 32.

23 Vgl. Frank Hatje: Institutionen der Armen-, Kranken- und Daseinsfürsorge im nördlichen Deutschland (1500 – 1800), in: Martin Scheutz u. a. (Hg.), Europäisches Spitalwesen. Institutionelle Fürsorge in Mittelalter und Früher Neuzeit, Wien, München 2008, S. 307 – 350.

24 Gabrielsson, Gottesbuden, S. 32. – Die Stiftung des Oberalten Reineken wurde per Testament 1561 errichtet. Eine „Ordnung" für die 17 Gotteswohnungen, in denen jeweils zwei Personen wohnten, formulierte er noch selbst in seinem Sterbejahr 1571: Staphorst, Kirchen-Geschichte, I/4, S. 551 – 553.

25 Vgl. Gabrielsson, Gottesbuden, S. 33; Staphorst, Kirchen-Geschichte, I/4, S. 551 – 553. Ähnlich auch die Ordnung von Gesche Lose für ihr Witwenstift. Den Grundstein für die Stiftung eines Witwenhauses hatten Gesche und Berend Lose, ehemaliger Bremer Ratsherr, in ihrem gemeinschaftlichen Testament 1566 gelegt und das Vorhaben 1572 in einem zweiten Testament erweitert. Dem fügte Gesche Lose 1581, nunmehr Witwe, ein eigenes Testament hinzu, das auch nähere Bestimmungen („fundation") zur Stiftung enthält: Staphorst, Kirchen-Geschichte, I/4, S. 624 – 632.

[26] Gabrielsson, Gottesbuden, S. 33; Hatje, „Gott zu Ehren", S. 327 - 336.

[27] Die Zahlen geben nur die Größenordnung der verfügbaren Kapazitäten an. Präzisere Daten bedürften genauerer Untersuchungen, die aber durch eine lückenhafte Quellenlage erschwert werden.

[28] Heß, Hamburg, Bd. 2, S. 172 - 197; Gertrud Brandes: Die geistlichen Bruderschaften in Hamburg während des Mittelalters, Teil III, in: ZVHG 36 (1937), S. 65 - 110, hier: 69 - 72; Puff, Hiobshospital; ders.: „Von der Gutthätigkeit" und ihrem „stärcksten Bewegungs-Grund". Jobst von Overbeck (1663 - 1726) am Hamburger Hiobshospital, in: ZVHG 77 (1991), S. 1 - 22.

[29] Bei den drei Einrichtungen, die nicht von „Privatpersonen" gestiftet wurden, handelt es sich um den von der Calandsbruderschaft errichteten Calandshof sowie die oben erwähnten von der Schiffer-Gesellschaft erbauten Häuser.

[30] Vgl. Frank Hatje: Libertät, Neutralität und Commercium: Zu den politischen Voraussetzungen für Hamburgs Handel (1550 - 1900), in: ders., Klaus Weber (Hg.), Überseehandel und Handelsmetropolen in Europa und Asien, 17. - 20. Jahrhundert, Hamburg 2008, S. 213 - 247.

[31] Johannsen, Stifter, S. 90 - 180.

[32] Vgl. Hatje, Stiftung, S. 234 f.

[33] Grundlegend dazu Johannsen, Stifter, S. 226 - 262;

[34] Vgl. Johannsen, Stifter, S. 475 f., deren Sample allerdings erst im letzten Drittel des 16. Jahrhunderts einsetzt, weswegen die Zahlen leicht abweichen.

[35] Gabrielsson, Gottesbuden, S. 160; Lappenberg, Privatstiftungen, S. 83 f.; Staphorst, Kirchen-Geschichte, S. 491.

[36] Die Bevölkerungszahlen beruhen auf Schätzungen und Berechnungen, da es vor 1811 keine Volkszählungen gab. Vgl. Hans Mauersberg: Wirtschafts- und Sozialgeschichte zentraleuropäischer Städte in neuerer Zeit dargestellt an den Beispielen von Basel, Frankfurt a. M., Hamburg, Hannover und München, Göttingen 1961; Heinrich Reincke: Hamburgs Bevölkerung, in: ders., Forschungen und Skizzen zur hamburgischen Geschichte, Bd. 3, Hamburg 1951, S. 167 - 200.

[37] Vgl. Alexander Nikolajczyk: Integriert oder ausgegrenzt? Die Stellung der niederländischen Einwanderer im frühneuzeitlichen Hamburg, in: Hamburger Wirtschafts-Chronik N. F. 6 (2006), S. 7 - 44 mit Nachweisen.

[38] Gabrielsson, Gottesbuden, S. 30, 37; Johannsen, Stifter, S. 477.

[39] Vgl. Frank Hatje: Das Armenwesen in Hamburg und die Ausbreitung der Aufklärung in Bürgertum und Unterschichten zwischen Integration und Abgrenzung, in: Anne Conrad, Arno Herzig, Franklin Kopitzsch (Hg.), Das Volk im Visier der Aufklärung. Studien zur Popularisierung der Aufklärung im späten 18. Jahrhundert, Münster, Hamburg 1998, S. 163 - 197.

[40] Meno Günther Kiehn: Das Hamburger Waisenhaus. Geschichtlich und beschreibend dargestellt, Hamburg 1821, S. 16 - 29, 81 - 84, 363 - 391; Lappenberg, Privatstiftungen, S. 52 f.; ders.: Reden bei Eröffnung der neuen Gebäude der Knakerüggischen Stiftung am 15. Mai 1845 nebst einer geschichtlichen Nachricht über dieselbe, Hamburg 1845; Johannsen, Stifter, S. 473 f. - Zum Werk- und Zuchthaus siehe Dirk Brietzke: Arbeitsdisziplin und Armut in der Frühen Neuzeit. Die Zucht- und

Arbeitshäuser in den Hansestädten Bremen, Hamburg und Lübeck und die Durchsetzung bürgerlicher Arbeitsmoral im 17. und 18. Jahrhundert, Hamburg 2000.

41 Werner Matti: Bevölkerungsvorgänge in den Hansestädten Hamburg und Bremen vom Anfang des 19. Jahrhunderts bis zum Ersten Weltkrieg, in: ZVHG 69 (1983), S. 103 – 155, hier: S. 106 – 110.

42 Jürgen Ellermeyer: die Armenanstalt und die Wohnungsnot Ende des 18. Jahrhunderts. Mit Schwung in die Krise (1788 – 1795), in: Erich Braun, Franklin Kopitzsch (Hg.), Zwangsläufig oder abwendbar? 200 Jahre Hamburgische Allgemeine Armenanstalt, Hamburg 1990, S. 46 – 96.

43 Mary Lindemann: Patriots and Paupers. Hamburg, 1712 – 1830, New York, Oxford 1990; Frank Hatje: Zwischen Republik und Karitas: karitative Ehrenamtlichkeit im Hamburg des 18. und 19. Jahrhunderts, in: Westfälische Forschungen 55 (2005), S. 239 – 266.

44 Vgl. Pielhoff, Paternalismus, passim.

45 Carl Godeffroy: Theorie der Armuth, Hamburg 1834.

46 Zit. n. Michael Eissenhauer: Die Hamburger Wohnstiftungen des 19. Jahrhunderts, Hamburg 1987, S. 8.

47 Lappenberg, Privatstiftungen, S. 103 f.; Joachim, Handbuch, S. 244; Eissenhauer, Wohnstiftungen, S. 133 f. et passim.

48 Richard Evans: Tod in Hamburg. Stadt, Gesellschaft und Politik in den Cholera-Jahren 1830 – 1910, Reinbek 1990, S. 81 f.

49 Eissenhauer, Wohnstifte, S. 150 – 154 sowie 119 – 137.

50 Den Zusammenhang von Stadtentwicklung und Ansiedlung von Wohnstiften analysiert Eissenhauer, Wohnstiftungen im Detail.

51 Gerhard Commichau: 100 Jahre Daniel Schutte-Stiftung, Hamburg 1992.

52 Joachim, Handbuch, S. 277 f.

53 Zitate aus Joachim, Handbuch, S. 81 f. Vgl. Harald Jenner: 100 Jahre Anscharhöhe, Neumünster 1986.

Angela Schwarz

Stiftungen für Freiwohnungen – Lösungen gegen die Wohnungsnot der entstehenden Metropole

„Beydes so wohl die Grundmiethe als Miethe würden die jetzige Höhe, die mit allem Recht ein Staatsübel genannt zu werden verdienet, nicht erreicht haben, wenn Bauplätze in unsrer Stadt in hinlänglicher Anzahl hätten ausgewiesen werden können.“[1] Scharfsichtig weist der Zeit seines Lebens gegen städtische Missstände engagierte Georg Ehlert Bieber (1761–1845) bereits 1803 in seiner sozialwirtschaftlichen Analyse zum Hamburger Wohnungsmarkt auf den Zusammenhang zwischen hoher Miete und mangelnden Baugrundstücken hin. Im Fokus seiner Kritik steht aber auch das ungehemmte Streben der Vermieter nach Gewinnmaximierung: „Man nennt diese mit Recht oder Unrecht Wucher; allein die Gesetze untersagen ihn nicht, und es giebt kein anderes Mittel dagegen als wohlfeile Bau-Plätze.“[2] Um die festgestellte Problematik zu beheben sieht Bieber zwei konkrete Lösungswege: die Abtragung der Festungswälle sowie die Einführung gerechter Steuern für die unteren Einkommensschichten. Wenn auch aus anderen Gründen wurde 1804 tatsächlich mit dem Abbau der Wälle begonnen und damit ein anderthalb Jahrzehnte dauernder Prozess eingeleitet. Allerdings wurde weder seine zweite Idee aufgegriffen noch von staatlicher Seite regulierend in den Wohnungsmarkt eingegriffen. Vielmehr sollten sich die Problemlagen durch überhöhte Mieten und Bauplatz- und demzufolge auch Wohnungsmangel im

Verlauf der folgenden Jahrzehnte nicht nur manifestieren, sondern ausufern.

Eingebettet war diese negative Entwicklung in die umfassenden Wandlungsprozesse, aufgrund derer sich die alte Kaufmannsstadt Hamburg hin zu einer modernen Handels- und Hafenmetropole entwickelte. Die boomende Wirtschaft steigerte die Attraktivität der Hansestadt als Arbeitsplatz und führte zu einer enormen Zuzugsbewegung. Vor dem Hintergrund, dass sich die Zahl der Einwohner*innen von rund 110.000 im Jahr 1810 auf über eine Million vor dem Ersten Weltkrieg auf dem stets begrenzten Stadtareal erhöhte, hatten diese Veränderungen erhebliche Auswirkungen auf den Wohnungsmarkt. Die Villenquartiere an der Alster bildeten zusammen mit den Palais und Landhäusern an der Elbe einen überdeutlichen Kontrast zu den Wohnverhältnissen in den weit ausgedehnten Gängevierteln in der Stadt. Diese Quartiere mit ihren jahrhundertealten Fachwerkhäusern waren aufgrund des enormen Zuzugs zunehmend verdichtet worden und befanden sich unter baulichen und sanitären Aspekten in einem katastrophalen Zustand.

Oberbaudirektor Fritz Schumacher (1869–1947) zeichnete den städtebaulichen Wandel Hamburgs vom 19. bis in das 20. Jahrhundert hinein nach und beschrieb die Ausgangslage metaphorisch: „Sicherlich ist das alte Hamburg der ersten Hälfte des 19. Jahrhunderts eine entzückend malerische Stadt gewesen, aber glich der ‚Frau Welt', von der die mittelalterliche Dichtung berichtet, daß sie von vorne betrachtet die reizvollste der Frauen ist, von rückwärts betrachtet aber sich zeigt voller Schwären und greulichen Gewürms."[3] Er kritisierte scharf den Abriss mehrerer Sakralbauten in den ersten Jahrzehnten wie den des Alten Mariendoms und einiger

Die Hamburger Gängeviertel, hier ein Bild aus dem Großen Bäckergang um 1900, waren charakteristisch für die Stadt. In den engen Gängen, in denen viele Arme lebten, breitete sich 1892 die Cholera aus, an der mehr als 8.600 Menschen starben.

Fritz Schumacher hat als Oberbaudirektor zwischen 1909 und 1933 das Stadtbild mit zahlreichen öffentlichen Backsteingebäuden im Stil des Neuen Bauens und mit Grünanlagen geprägt.

Kirchengebäude. Das von dem Direktor der Kunsthalle Alfred Lichtwark (1852–1914) Ende des 19. Jahrhunderts formulierte und noch heute geläufige Aperçu der „Freien und Abrißstadt" traf bereits auf diese Abrisse architekturhistorisch bedeutender Bauwerke zu. Das „Kunstwerk Hamburg"[4] sah Schumacher nach den verheerenden Zerstörungen durch den Großen Brand 1842 in der nach modernen Erkenntnissen umgestalteten Innenstadt entstanden. Dabei wurden verkehrs- wie ingenieurtechnische neue Erkenntnisse umgesetzt und mit der Stadtwasserkunst ein modernes städtisches Wasserwerk angelegt. Mit den geänderten Straßenführungen, der Anlage des Rathausplatzes und den im klassizistisch-italienischen Stil errichteten Bauten, wie den

Alsterarkaden und den Colonnaden, erhielt das Stadtzentrum ein neues Erscheinungsbild. Hingegen blieben effektive städtebauliche Maßnahmen für die unteren, nun obdachlosen Schichten aus. Dabei gab es durchaus Initiativen, die der Not Abhilfe schaffen wollten. So hatte beispielsweise der Senatssyndikus Karl Sieveking (1787–1847) mit dem Theologen Johann Hinrich Wichern (1808–1881) aus dem Kreis der religiösen Erweckungsbewegung das sozialreformerische Konzept eines Bürgerhofes entwickelt, das mit moralisch-sittlichem Impetus für die armen Familien günstigen Wohnraum bereitstellen sollte – was jedoch nie zur Umsetzung kam. Ebenso scheiterten die Zielsetzungen des 1845 gegründeten „Vereins zur Erbauung kleiner Wohnungen".[5]

Karl Sieveking war Senatssyndikus, Politiker und Diplomat, und hat zahlreiche wohltätige Einrichtungen in der Stadt gefördert.

Johann Hinrich Wichern war Theologe und Pädagoge, Begründer der Inneren Mission und hat u.a. das Rauhe Haus errichtet.

Wachsende Stadt – wachsende Wohnungsnot

Auf dem begrenzten Stadtareal war die zunehmend bedrängtere Wohnsituation für die unteren Schichten stets sichtbar. Von staatlicher Seite wurde eher halbherzig auf gesetzlichem Weg versucht, die Lage zu entspannen. Dazu zählte die Aufhebung der Torsperre 1861 und die Eingliederung der ehemaligen Vorstädte St. Georg und St. Pauli in das Stadtgebiet. 1865 wurde dann das erste „Baupolizeigesetz" und 1873 das „Gesetz betr. die Förderung der Erbauung von kleinen Wohnungen" erlassen. Jedoch erzielten alle diese Maßnahmen bei der exorbitant steigenden Bevölkerungszahl keine durchgreifenden Ergebnisse, nicht zuletzt auch deswegen, weil der Verband der Grundeigentümer in der Bürgerschaft seine profitorientierten Interessen im Wohnungsbau stets gegen reformwillige Senatoren durchsetzen konnte.

Der Hamburger Jurist und Archivar Carl Pfingsthorn (1860–1939) hatte für seine Studie die Wohnverhältnisse der Arbeiterschaft in den Gängevierteln untersucht und kam rund hundert Jahre nach Bieber zu einem vernichtenden Urteil: „Das Mißverhältnis zwischen Angebot und Nachfrage nach billigen Wohnungen in der Stadt überhebt den Eigentümer auch der Sorge für das Instandhalten der Räume, der Treppen und Vorplätze, deren Betreten für den in den Häusern der Armen Unbekannten fast lebensgefährlich scheint, wenn auch die Hamburger mit der auf den Treppen herrschenden Finsternis und dem Ersatz des festen Geländers durch einen Strick zumeist vertraut sind."[6] Auch er kritisierte die hohen Mieten scharf: „Geradezu unerhört ist es aber, wenn die Hausbesitzer für solche gesundheitswidrigen Löcher sich Mieten bezahlen lassen, die verhältnismäßig den Mieten in schönen, luftigen und mit allem Komfort versehenen Häusern gleichkommen."[7] Als hier 1892 die Cholera mit ihrer erschreckend hohen Zahl an Todesfällen ausbrach, gerieten diese Zustände wissenschaftlich und auch national in den Fokus der Kritik und der dadurch angeschlagene Ruf Hamburgs schlug sich sogar negativ in der Handelsbilanz nieder.

Hatte eine Verdrängung der überwiegend im Hafen beschäftigten Menschen bereits mit der Anlage der Speicherstadt eingesetzt und letztlich 23.000 Personen von dort vertrieben, so waren von der nun eingeleiteten, langdauernden Sanierungs-, beziehungsweise Abbruchphase der Gängeviertel noch weit mehr Menschen betroffen. Diese mussten weit entfernt von ihren Arbeitsplätzen in die neu erschlossenen Arbeiterviertel wie Billwerder-Ausschlag, Barmbek, Horn oder Hammerbrook ziehen, was den Arbeitsweg erheblich erschwerte. Einen bedeutenden Beitrag zum Neubau bezahlbaren Wohnraums mit Mietskasernen und Massenbauten leisteten dabei die zahlreich entstehenden Baugenossenschaften.[8]

Mit dem „Gesetz betr. den Bebauungsplan für die Vororte auf dem rechten Elbufer"[9] von 1892 wurde die künftige Bebauung Auflagen unterworfen und diese in ein stadtplanerisches Gesamtkonzept eingebunden. Durch Einbeziehen der Vororte Eimsbüttel und Eppendorf in das Stadtgebiet vergrößerte sich das Areal erheblich. Die Sanierung der inneren Stadt zu einer modernen City mit Kontorhäusern löste die alte Einheit des Kaufmannshauses aus Wohn-, Arbeits- und Lagerstätte auf und wohlhabende Kaufleute ließen sich in den entstehenden neuen Quartieren um die Alster herum nieder. Eine weitere Folge des Choleraausbruchs war die Neufassung des Baupolizeigesetzes im Jahr 1893 sowie der Erlass eines Wohnungspflegegesetzes 1898, in das die Ergebnisse der Senats- und Bürgerschaftskommission zur sanitären und hygienischen Verbesserung der Wohnverhältnisse einflossen.

Trotz aller gesetzlichen Maßnahmen wurde letztlich keine durchgreifende Änderung für die unteren Einkommensschichten auf dem Wohnungsmarkt erzielt, vielmehr gerieten auch die kleinbürgerlichen Schichten durch hohe Mieten und mangelndes Wohnangebot in existenzielle Not. Die „Kleinwohnungsfrage" blieb ein viel diskutiertes städtisches Problem mit gravierender sozialer Tragweite, wogegen auch das 1902 erlassene „Gesetz, betr. die Förderung des Baues kleiner Wohnungen" kaum Effekte erzielte. Spekulation und Profitorientierung blieben die beherrschenden Faktoren auf dem Wohnungsmarkt.

Private Initiativen gegen die Wohnungsnot

Frühzeitig, und noch bevor sich die späteren Ausmaße der Wohnungskrise erkennen ließen, wurde von Privatpersonen ein anderer Lösungsweg be-

Innenansicht von „Hartwig Hesses Witwen-Stift“ mit Blick auf das Tor zur Stiftstraße.

schritten und eine seit mehr als hundert Jahren ruhende Tradition reaktiviert: die Stiftung von Freiwohnungen. Hartwig Hesse (1778–1849) wurde mit der ersten neuen und außerdem paritätischen Stiftung, „Hartwig Hesses Witwen-Stift“, der Pionier im später boomenden Wohnstiftungswesen. Ihm folgte 1838 Lazarus Gumpel (1770–1843) mit seinem jüdischen „Lazarus Gumpel-Stift“. Beide Stifter waren wohlhabende, im Wirtschafts- und Gesellschaftsleben angesehene Persönlichkeiten, lebten aber unter den geltenden rechtlichen Beschränkungen des „Judenreglements“ von 1710. Deswegen war es ihnen auch nicht ohne Weiteres möglich, ihre Wohnstiftungen zu errichten. Hesse konvertierte zu diesem Zweck sogar, Gumpel ließ über einen Mittelsmann den Grundbesitz erwerben und kaufte ihm diesen dann ab. Beide Stifter brachten neue Inhalte in das Wohnstiftungswesen ein, denn ihre

Freiwohnungen waren nicht für ältere, alleinstehende, christliche Frauen bestimmt, sondern für junge Witwen gleich welcher Konfession mit Kindern, bzw. für jüdische Familien mit Kindern. Der Neubeginn für die christlichen Wohnstiftungen wurde dann 1840 mit dem ersten Gebäude der „Amalie Sieveking-Stiftung" für alleinstehende Frauen eingeleitet. Die Stifterin Amalie Sieveking (1794–1859) gehörte wie ihr Cousin Karl Sieveking der Erweckungsbewegung an und war eine Wegbereiterin der diakonischen Sozialarbeit. Diese drei Stiftungen gaben in der ersten Jahrhunderthälfte die Richtung für zahlreiche folgende christliche, jüdische und paritätische Stiftungen vor. 1849, an der Wendemarke in ihrem Emanzipationsprozess, wurde von Juden zudem die paritätische „Stiftung zum Andenken an die bürgerliche Gleichstellung der Hamburger Israeliten" errichtet. In ihrer Konzeption nahm sie alle Elemente der heutigen Bürgerstiftung vorweg und wurde als „Vaterstädtische Stiftung" zur größten Wohnstiftung ausgebaut.[10]

Von 1825 bis 1931 wurden 66 Stiftungen mit insgesamt 114 Gebäuden und mehr als 4.000 Freiwohnungen errichtet.[11] Über die konkreten Ursachen und Entstehungszusammenhänge der Ausgestaltung Hamburgs zur Stiftungsmetropole insgesamt sind verschiedene Vermutungen angestellt worden: „Vielleicht liegt es an der geringen Regelungsdichte und auch der liberalen Handhabung der Bestimmungen, dass sich in Hamburg das Stiftungswesen besonders frei entwickelt hat. Vielleicht gilt aber auch umgekehrt, dass die Stiftungsbereitschaft der Bürger die Aufsichtsbehörden zur Zurückhaltung gegenüber der rechtlich durchaus möglichen strengeren Reglementierung veranlaßt."[12] Dagegen ist das Agieren für das Gemeinwohl als „nobile officium"[13]

Lazarus Gumpel war ein wohlhabender jüdischer Kaufmann und hat 1838 die erste jüdische Stiftung für Freiwohnungen errichtet.

Ansicht des Neubaus von 1882 des „Lazarus Gumpel-Stift" in der ehemaligen Schlachterstraße.

mentalitätsgeschichtlich tief verankert. Ein freiwilliges, praktisches Handeln für das Gemeinwohl aus einem Verständnis des „res mea agitur" war und ist in der Hamburger Gesellschaft Common Sense. Diese tief verankerte gemeinnützige Mentalität brachte ein bürgerschaftliches Engagement hervor, dem auch zahlreiche öffentliche Bauten ihre Entstehung verdanken. Die Entscheidungsträger der politischen, wirtschaftlichen und gesellschaftlichen Prozesse rekrutierten sich aus einer zahlenmäßig begrenzten, privilegierten bürgerlichen Elite, aus der heraus auch das private Stiftungswesen etabliert wurde.

Auffallend ist, dass 29 Prozent der ermittelten 66 Stiftungen und sogar 33 Prozent der Gebäude von jüdischen Wohltätern errichtet wurden – der Bevölkerungsanteil der Juden hingegen von circa 6,5 Prozent im Jahr 1810 auf unter 2 Prozent zu Beginn der 1930er Jahre gesunken war.[14] Dabei stifteten jüdische Wohltäter nicht nur zwölf Stiftungen mit 18 Gebäuden für jüdische Bewohner, sondern auch die sieben Stiftungen mit 22 Gebäuden, die ihre Wohnungen, ohne Berücksichtigung der Konfession, paritätisch vergaben.

Jüdisches Stiftungswesen in der Stiftungsmetropole

Obwohl die Juden in der Hansestadt bis 1849 keine gleichberechtigten Bürger waren, haben sie bis dahin nicht nur die ersten beiden neuen Wohnstiftungen, sondern auch für andere Zwecke insgesamt 111 Stiftungen errichtet. Diese herausragende Stiftungsaktivität resümiert der jüdische Literaturkritiker Leopold Dukes (1810–1891) in der Feststellung: „daß Hamburgs israelitische Gemeinde

Das erste Stiftsgebäude der späteren „Vaterstädtischen Stiftung" von 1851 im Eichholz, heute Privatbesitz.

Institute besitzt, wie sie keine Gemeinde weiter in Deutschland aufzuweisen hat, und in jeder Hinsicht als Muster dienen können."[15] Für 1901 konnte ermittelt werden, dass diese Zahl auf 209 gestiegen war[16] und bis in die Zeit des Nationalsozialismus auf weit über 400 anwachsen sollte.[17]

Das jüdische Stiftungswesen war eingebunden in die vielfältigen von außen wie innen wirkenden Einflüsse, aufgrund derer sich der Status der Juden von einer minderprivilegierten, unter den Auflagen des „Judenreglements" von 1710 lebenden Religionsgemeinschaft, hin zu gleichberechtigten Bürgern wandelte. Wesentlicher Kern dieses Emanzipationsprozesses war eine innerjüdische Reformbewegung, die von fortschrittlichen, von der allgemeinen wie der jüdischen Aufklärung, der Haskala, beeinflussten Juden vorangebracht wurde.[18] Sie strebten den Zugang zum Bürgertum an, das in Hamburg an das Bürgerrecht gekoppelt war. Auch die stadtstaatlichen Normen prägten die Geschichte der Juden so, „daß Hamburg als politische und soziale Einheit eine Größe sui generis, eine Ausnahme – wenn auch nicht die einzige – unter den deutschen Staaten darstellte. Auch die jüdische Bevölkerung Hamburgs war, was ihre Größe, ihre Struktur und ihre innere Entwicklung und die Entwicklung ihrer Beziehungen zur christlichen Mehrheit betrifft, ein Sonderfall."[19] Im Vormärz wurde das Ziel der rechtlichen Gleichstellung auf politischer Ebene forciert, wobei diese Bestrebungen von liberalen Senatoren und Kaufleuten unterstützt, hingegen von der Bürgerschaft und dem einflussreichen Gremium der Oberalten strikt abgelehnt wurden. Als dann der jüdische Hamburger Jurist Gabriel Riesser (1806–1863)[20] 1848 in der Paulskirche in Frankfurt erreichte, dass der Satz „Durch das religiöse Bekenntnis wird der Genuss der staatsbürgerlichen Rechte weder bedingt noch beschränkt" in die Verfassung aufgenommen wurde, und dieser am 23. Februar 1849 in Hamburg Gesetz wurde, hatten die Juden hier ihre Gleichstellung erlangt.

Im Zeitverlauf änderte und öffnete sich das jüdische Stiftungswesen von traditionellen Zwecksetzungen hin zu modernen, säkularen Zielen. Die jüdische Armenpflege und Wohltätigkeit beruhte auf einer sozialen Ethik, die Wohlstand und Armut seit vorbiblischen Zeiten in ein besonderes Verhältnis setzte.[21] Zentrale Bedeutung hatte die „Zedaka", der hebräische Name für Gerechtigkeit, als höchste religiöse Pflicht, die jeden nach Erkennen einer Notlage zur umgehenden Hilfe verpflichtete und die Unterstützung auch für Nichtjuden vorsah. Armut wurde als Erzübel, beschämend und erniedrigend verstanden: „Der Arme hat ein Recht auf unsere Hilfe. Er erhält kein Almosen, verdankt nichts dem bloßen Erbarmen, dem flüchtigen Gefühl, sondern empfängt aus Gottes Besitz, dem ja alle Güter der Welt gehören, den Anteil, der ihm gebührt."[22] Dieses Verständnis prägte den sozialen, auf gesellschaftliche Gleichheit ausgerichteten Grundzug im Judentum und gestaltete früh eine wohl organisierte Armenpflege in den Gemeinden heraus. Ergänzt wurde diese pflichtmäßige Wohltätigkeit seit dem Mittelalter durch „Gemilut Chessedem", ein achtstufiges System von barmherziger Wohltätigkeit, dessen Leitgedanke die Wahrung der Selbstachtung des Hilfsbedürftigen und die höchste Stufe die war, einem Menschen zu helfen, bevor er überhaupt in Armut gerät.

Die prägenden Einflüsse der jüdischen Sozialethik lassen sich auch bei den von Juden errichteten Wohnstiftungen erkennen, wie an der Parität, an der Aufnahme von Kindern als Zeichen der hohen Wertschätzung von Familie und Kindern im Judentum, oder auch daran, dass die meisten Juden nach Erkennen einer Notlage und damit zu Lebzeiten stifteten. Auch die Stiftsgebäude bezeugen die Einflüsse der jüdischen Sozialethik, denn Juden stifteten auffallend häufig Freiwohnungen in umgewandelten normalen Wohnhäusern und auch die neu errichteten Stifte reihten sich in die umgebende Straßenbebauung ein. Damit wurde die Würde der Bewohner gewahrt, denn sie waren nicht als bedürftig zu erkennen.

Der jüdische Jurist und Politiker Dr. Gabriel Riesser war in Hamburg und in der Frankfurter Paulskirche ein führender Verfechter der bürgerlichen Gleichstellung der Juden. 1859 wurde er der erste jüdische Obergerichtsrat in der Hansestadt und Vizepräsident der Bürgerschaft.

Städtebauliche Zeugnisse bürgerlichen Gemeinsinns

Die Stiftungen für Freiwohnungen stellen seit Beginn des 19. Jahrhunderts eine eigene Kategorie von Gebäuden dar, deren vordergründig einzige Gemeinsamkeit „ihre sozial determinierte Funktion als Wohnstiftung“[23] sei, wie der Kunsthistoriker Michael Eissenhauer in seiner architekturhistorisch gewichteten Studie feststellt. In seiner detaillierten Untersuchung beantwortet er abschließend die Frage nach einer architektonischen Gattung: „Als überwiegend großformatige, freistehende Bauten mit oftmals auffallender äußerer Gestaltung durch farblich unterschiedliche und im Wohnungsbau weitgehend ungebräuchliche Fassadenmaterialien, ziehen sie die Aufmerksamkeit zwar auf sich, doch ihre Gesamterscheinung verweigert sich einer ein-

Das ehemalige jüdische „Hertz Joseph Levy-Stift“ am Großneumarkt, heute in Privatbesitz.

deutigen architektonischen Kategorisierung."[24] Der Kunsthistoriker Hermann Hipp bezeichnet die noch heute auffälligen Baulichkeiten der Stifte „mit paradoxen Formeln wie ‚aristokratische Bescheidenheitsarchitektur' oder ‚asketische Verschwendung'".[25]

Beide Autoren beziehen auch die im 19. Jahrhundert errichteten Neubauten der maroden Gotteswohnungen sowie die der mittelalterlichen Hospitäler und Klöster ein, die sich im Laufe der Jahrhunderte hin zu Wohnstiftungen entwickelten, wie das Heiligen Geist Hospital und das Marien Magdalenenkloster,[26] das Gast- und Krankenhaus,[27] das Kloster St. Johannis[28] oder auch das St. Georgs Hospital. Nicht berücksichtigt werden hingegen von beiden Autoren die ehemaligen jüdischen Stiftungen, deren Gebäude noch zahlreich existieren. Sie wurden zur Zeit des Nationalsozialismus als „Judenhäuser" missbraucht und damit zu letzten Wohnorten zahlreicher Menschen vor ihren Deportationen in die Konzentrationslager.[29]

Mit Blick auf das Wohnstiftungswesen lag eine Förderung von Staats wegen auch aus utilitaristischen Gründen nahe. So wurde den Anträgen der Stifter und Vorstände auf kostenlose Vergabe von Baugrund üblicherweise entsprochen und dieser gegen eine jährliche Gebühr von 3 Mark quasi kostenlos verliehen. Im Zuge der Stadterweiterung kam es durch zunehmend gesteuerte Bauplatzvergabe zur Bildung von Stiftsquartieren, zunächst in St. Georg mit Borgfelde und Hohenfelde, dann in Eppendorf und schließlich in Winterhude. Die jüdischen Stifte waren zunächst im damaligen jüdischen Wohngebiet in der Neustadt angesiedelt, seit der Wende zum 20. Jahrhundert wurden sie dann im Grindel und in Eimsbüttel errichtet, den neuen jüdischen Wohnvierteln.

Als Architekt hat Alexis de Chateauneuf (1799-1853) Wohnhäuser wohlhabender Kaufleute und Stiftsgebäude errichtet. Als Baumeister prägte er die Neugestaltung der inneren Stadt nach dem Großen Brand von 1842.

Namhafte Architekten gestalteten das heterogene architektonische Erscheinungsbild der Wohnstiftungen, wie Jacob Heinrich Ludolff, Alexis de Chateauneuf, Hanssen & Meerwein, Julius Faulwasser, Albert Rosengarten, Ernst Friedmann, Alfred Heidtmann, Martin Haller, Alfred Löwengard, Stammann & Zinnow, Rambatz & Jolasse und Dyrssen & Averhoff.

Die Wohnungen waren je nach dem Willen des Stifters für unterschiedliche Berechtigtengruppen bestimmt, die alle ein Einkommen nachweisen mussten. Aufnahme fanden alte Handwerkerehepaare, Arbeiterfamilien, Scheuerfrauen, ehemalige Hausan-

Das „Daniel Schutte-Stift“ in der Tarpenbekstraße, 1906/07 von Martin Haller und Hermann Geißler errichtet.

gestellte, alleinstehende Frauen, kleine Selbstständige oder auch Angestellte sowie „ehemals Bessergestellte“. Diese wurden mit Bezug einer Freiwohnung vor Verarmung durch hohe Mieten bewahrt, so wie es auch die heutigen Bewohner*innen bei einem unverändert sehr angespannten Wohnungsmarkt sind. Die Tradition der Stiftungen für Freiwohnungen in Hamburg ist auch heute lebendig, zeigt sich wandlungsfähig und offen für neue Erfordernisse.

Anmerkungen

Stiftungen für Freiwohnungen – Lösungen gegen die Wohnungsnot der entstehenden Metropole

Seiten 62 bis 77

1 (Georg Ehlert Bieber), Ueber den nachtheiligen Einfluß der hohen Miethe und der Belastungen unentbehrlicher Bedürfnisse, auf Hamburgs Wohl, nebst einigen Vorschlägen dagegen. Hamburg 1803, S. 7.

2 Ebda., S. 11.

3 Fritz Schumacher, Hamburgs Wohnungspolitik von 1818 bis 1919. Ein Beitrag zur Psychologie der Gross-Stadt. Hamburg 1919, S. 3.

4 Fritz Schumacher, Wie das Kunstwerk Hamburg nach dem Großen Brande entstand. Ein Beitrag zum Städtebau. Berlin 1920.

5 Vgl. Dirk Schubert, Stadterneuerung in London und Hamburg. Eine Stadtbaugeschichte zwischen Modernisierung und Disziplinierung. Braunschweig/ Wiesbaden 1997, S. 77f.

6 Carl Pfingsthorn, Die Verhältnisse kleiner Wohnungen in Alt-Hamburg. Leipzig 1901, S. 9.

7 Ebda., S. 24.

8 Hans-Jörg Nörnberg, Dirk Schubert, Massenwohnungsbau in Hamburg. Materialien zur Entstehung und Veränderung Hamburger Arbeiterwohnungen und -siedlungen 1800–1967. Berlin 1975.

9 Matthias von Popowski, Das Bebauungsplangesetz von 1892 als Instrument Hamburger Stadtplanung vor dem Ersten Weltkrieg; in: Zeitschrift des Vereins für Hamburgische Geschichte, Band 80. Hamburg 1994, S.73 - 110.

10 Angela Schwarz, Die Vaterstädtische Stiftung in Hamburg in den Jahren 1849 bis 1945. „...einen Akt der Gerechtigkeit durch einen Akt der Wohlthätigkeit zu verewigen..." Hamburg 2007.

11 Diese Zahlen hat die Autorin im Zuge ihrer Forschungen zum jüdischen Wohnstiftungswesen ermittelt.

12 Hugbert Flitner, Hamburg als Stadt der Mäzene, Stifter und Sponsoren; in: Jan Albers, u.a. (Hrsg.), Recht und Juristen in Hamburg, Band II. Köln 1999, S. 285–303; hier: S. 289.

13 „Galt es in Hamburg schon seit langer Zeit als nobile officium, mit ererbtem Vermögen oder erworbenem Reichtum karitative Aufgaben zu erfüllen oder künstlerische Bestrebungen zu unterstützen, so wurde nun zunehmend auch die Förderung der Wissenschaften in den Kreis solcher mäzenatischen Verpflichtung aufgenommen." Gerhard Ahrens, Hanseatische Kaufmannschaft und Wissenschaftsförderung. Vorgeschichte, Gründung und Anfänge der „Hambur-

gischen Wissenschaftlichen Stiftung" von 1907; in: Vierteljahreshefte für Sozial- und Wirtschaftsgeschichte, 66. Band, Heft 2, 1979, S. 214–230; hier: S. 217.

[14] Angela Schwarz, Traditionen im Umbruch: Jüdische Stiftungen für Freiwohnungen in Hamburg; in: Thomas Adam, Manuel Frey, Rupert Graf Strachwitz (Hrsg.), Stiftungen seit 1800. Kontinuitäten und Diskontinuitäten. Stuttgart 2009, S. 45 – 70.

[15] Leopold Dukes, Übersicht aller wohlthätigen Anstalten und Vereine, so wie auch aller milden Stiftungen der deutsch- und der portugiesisch-israelitischen Gemeinde in Hamburg. Hamburg 1841, S. II.

[16] Diese Zahl hat die Autorin durch Auswertung der insgesamt 906 bei Joachim aufgelisteten wohltätigen Einrichtungen ermittelt, was einem Anteil von 23 % jüdischen Stiftungen entspricht. Hermann Joachim, Handbuch der Wohlthätigkeit in Hamburg. Hamburg 1901.

[17] Da Hönicke in seiner Arbeit zahlreiche Stiftungen nicht erwähnt, ist die von ihm ermittelte Gesamtzahl von 437 Stiftungen tatsächlich deutlich höher gewesen. Günter Hönicke, Jüdische Stiftungen und Legate in Hamburg bis 1943. Hamburg 2001.

[18] Helga Krohn, Die Juden in Hamburg 1800–1850. Ihre soziale, kulturelle und politische Entwicklung während der Emanzipationszeit. Frankfurt/Main 1967.

[19] Mosche Zimmermann, Hamburger Patriotismus und deutscher Nationalismus. Die Emanzipation der Juden in Hamburg 1830–1865. Hamburg 1979, S. 11.

[20] Arno Herzig, Gabriel Riesser. Hamburg 2008.

[21] Jonathan Sacks, Wohlstand und Armut. Eine jüdische Analyse; in: Jüdisches Museum der Stadt Frankfurt am Main (Hg.), Zedaka. Jüdische Sozialarbeit im Wandel der Zeit. Frankfurt/Main 1993, S. 14-29.

[22] Zitiert in: Verband der deutschen Juden (Hg.), Die Lehren des Judentums nach den Quellen. Dritter Teil. Die sittlichen Pflichten der Gemeinschaft. Berlin 1923, S. 144.

[23] Michael Eissenhauer, Die Hamburger Wohnstiftungen des 19. Jahrhunderts. Hamburg 1987, S. 7.

[24] Ebda., S.100.

[25] Hermann Hipp, Stifte in Hamburg. Eine besondere Bauaufgabe; in: Initiativkreis Hamburger Stiftungen und Freie und Hansestadt Hamburg (Hg.), Bürger und Gesellschaft. Stiftungen in Hamburg. Hamburg 2003. S. 83 - 101, hier: S. 91.

[26] Frank Hatje, „Gott zu Ehren, der Armut zum Besten". Hospital zum Heiligen Geist und Marien-Magdalenen-Kloster in der Geschichte Hamburgs vom Mittelalter bis in die Gegenwart. Hamburg 2002.

[27] Ders., Das Gast- und Krankenhaus in Hamburg. 1248 - 1998. Hamburg 1998.

[28] Silke Urbanski, Geschichte des Klosters Harvestehude „In valle virginum". Wirtschaftliche, soziale und politische Entwicklung eines Nonnenklosters bei Hamburg 1245–1530. Münster 1996.

[29] Angela Schwarz, Von den Wohnstiften zu den „Judenhäusern"; in: Angelika Ebbinghaus und Karsten Linne (Hrsg.), Kein abgeschlossenes Kapitel: Hamburg im „Dritten Reich", Hamburg 1997, S. 232–247.

Wohnstifte in Hamburg entdecken

Bildlegenden

Seite 80/81: Das Stiftsviertel in Eppendorf von der Frickestraße aus gesehen, begrenzt von der Schedestraße und oben von der Tarpenbekstraße. In diesem Areal befinden sich unter anderem die Wohnanlagen der Albert Hackmann-Stiftung, der Vaterstädtischen Stiftung sowie das Mathilden-Stift und die Bürgermeister Joachim vom Kampe Stiftung & Nicolas van den Wouwer Gotteswohnungen.

Seite 82/83: Blick auf den historischen Ortskern von Blankenese mit der Kirche am Markt, nördlich davon ist der S-Bahnhof zu sehen mit der Neubebauung, dabei auch Seniorenwohnungen der Martha Stiftung, gut erkennbar an den gelben Sonnenschutz-Markisen am oberen Bildrand.

Seite 84/85: Die Heinrich und Caroline Köster Testament-Stiftung in Barmbek-Nord aus der Luft betrachtet, Blick vom Amalie-Dietrich-Stieg. Das markante L-förmige unter Denkmalschutz stehende Laubenganghaus, oben vom Ring 2/Habichtstraße und rechts von der (verdeckten) Meisenstraße begrenzt, wurde nach den Plänen des Architekten Paul August Reimund Frank in den 1920er Jahren errichtet.

Seite 86/87: Die Luftaufnahme zeigt das große parkähnliche Stiftungsgelände der Anscharhöhe in Eppendorf mit der im Zentrum gelegenen Kirche der Gemeinde St. Anschar, der Gründerin der Stiftung. Im oberen Bildausschnitt verläuft die Tarpenbekstraße.

Albert Hackmann-Stiftung

Die einst „Bürgermeister Albert Hackmann Gotteswohnungen“ verdanken ihre Entstehung dem Tuchhändler Albert Hackmann (1520–1580). Dieser war auch Hamburger Bürgermeister im Jahr 1553.

Hackmann erwarb 1578 ein unbebautes Grundstück und stiftete im Jahr 1579 das Kapital zur Errichtung von 20 Gotteswohnungen in der Spitaler Straße 22-23, in denen „bejahrte und hilfsbedürftige Personen beider Geschlechts“ kostenfrei wohnen durften.

Aufgrund der Altstadtsanierung zu Beginn des 20. Jahrhunderts musste das ursprüngliche Stiftsgebäude allerdings weichen, und es wurde 1907 „vor den Toren der Stadt“ in Eppendorf mit 28 Wohnungen neu errichtet. Bis heute bietet die Albert Hackmann-Stiftung in Eppendorf alten bedürftigen Menschen bezahlbaren Wohnraum in einer Gemeinschaft.

Blick auf die repräsentative Fassade des Wohnhauses der Albert Hackmann-Stiftung in der Schedestraße, im Jahre 1907 in der Zeit des Jugendstils errichtet.

Durch das imposante Eingangsportal kommen die Bewohner*innen ins Entrée, die Wohnungen in den oberen Etagen sind auch über einen Personenaufzug erschlossen.

In der Zeit des Jugendstils errichtet, zeigt die Architektur des Wohngebäudes geschwungene Stilelemente und ein imposantes Eingangsportal mit stuckverzierten Säulen. Das Entrée präsentiert sich grün-gelb gekachelt, mit eingelassenen Marmortafeln und Terrazzoböden mit Intarsien. Das Treppenhaus ist geprägt von Galerien und einem gläsernen Oberlicht. Die goldfarbene Inschrift im Eingangsbereich des Wohnhauses erinnert an den Bürgermeister Albert Hackmann, den Begründer der Gotteswohnungen.

Goldfarbene Inschrift im Eingangsbereich – in dankbarer Erinnerung an den Bürgermeister Albert Hackmann, den Begründer der Gotteswohnungen.

Das denkmalgeschützte Gebäude hat seit der Generalsanierung in den Jahren 1985/1986, auch durch die Verkleinerung des Treppenhauses, 31 Wohnungen mit Größen zwischen 32 und 54 Quadratmetern. Zudem wurde ein Personenaufzug eingebaut.

Die Wohnungen verfügen teilweise über Balkone, haben Abstellflächen im Unter- und Dachgeschoss sowie einen großen Terrassenbereich im rückwärtig gelegenen Garten. In den vier hier angelegten Hochbeeten wachsen Kräuter und Gemüse zur Freude aller Bewohner*innen.

Ein beliebter Treffpunkt ist auch der „Clubraum" im Dachgeschoss, und die mit im Wohnstift lebende Hausmeisterin hat stets ein offenes Ohr, auch für Sorgen und Nöte der Bewohner*innen. Die ehrenamtlich tätigen Vorstandsmitglieder sind engagiert dabei, weitere soziale Angebote im Haus für die Bewohner*innen zu etablieren, um der Vereinsamung im Alter vorzubeugen, die Nachbarschaft zu pflegen und Hobbies gemeinschaftlich auszuleben– kurzum, um ein „Wohlfühlklima" zu schaffen, das nicht vom Einkommen abhängig ist.

Luftige Balkone, Hochbeete mit frischen Kräutern und einen großen Terrassenbereich bietet die Hofseite des Stiftsgebäudes.

Die Albert Hackmann-Stiftung liegt im Stiftsviertel Eppendorf. In unmittelbarer Nähe befinden sich zahlreiche weitere Wohnstifte sowie das Universitätsklinikum Hamburg-Eppendorf. Fußläufig erreichbar sind verschiedene Einkaufsmöglichkeiten, Cafés, Restaurants und Buslinien.

„Mit den von mir seit vielen Jahren ehrenamtlich verwalteten Wohnstiften Anna Büring Testament (errichtet 1535) und Albert Hackmann-Stiftung (errichtet 1579), bin ich dem Hamburger Bündnis für Wohnstifte gerne beigetreten. Ich verspreche mir wertvolle Informationen im Hinblick auf den Fortbestand der beiden ehrwürdigen Stiftungen. Besonders aber wegen der gestiegenen Herausforderungen, die beiden über 100 Jahre alten Wohngebäude zu erhalten."
Friedrich Asschenfeldt, Jahresverwalter der Stiftung Anna Büring Testament und der Albert Hackmann-Stiftung

Borgfelde
Bramfeld
Horn
Dulsberg
Winterhude

Alida Schmidt-Stiftung

Als Ida Schmidt 1874 ihre Stiftung errichtete, existierten in der Hansestadt bereits ungefähr 500 karitative Stiftungen. Allein von den frühen 1870er Jahren bis zum Jahr 1909 kamen weit mehr als 200 neue Stiftungen hinzu. Ida Schmidt stiftete also während einer Hochphase des Stiftens. Dabei spielte das Gedenken, und in diesem Zusammenhang auffällig häufig das Andenken an verstorbene Familienmitglieder, eine wesentliche Rolle.

„Wir nutzen unseren Wohnungsbestand auch, um gezielt eingestreut in den Mehrfamilienhäusern Klient*innen unserer Facheinrichtungen zu betreuen, also junge Frauen mit psychischer Erkrankung und Menschen mit Abhängigkeitserkrankungen. Damit verknüpfen wir den Wohnstiftgedanken unserer Stifterin Ida Schmidt mit den heutigen Aufgaben der Stiftung", erklärt Christina Baumeister, Geschäftsführerin der Alida Schmidt-Stiftung.

Mit dem Stiftungszweck, Wohnungen für Frauen aus dem Bürgertum zur Verfügung zu stellen und sie damit vor staatlicher Armenfürsorge zu bewahren, verfolgte Ida Schmidt vor 150 Jahren die damals gängigen bürgerlichen Zielsetzungen von weiblicher Wohltätigkeit. Die Bewohnerinnen sollten christlicher Konfession sein und kein Recht auf Leistungen des staatlichen „Armenwesens" haben. Drei Viertel der

Die Hamburgerin **Ida Schmidt** errichtete 1874 die Alida Schmidt-Stiftung zum Andenken an ihre jung verstorbene Tochter Alida. Aus dem Willen der Stifterin, „hülfsbedürftige, unbescholtene Witwen und Jungfrauen, zunächst der gebildeten Stände, mittelst Gewährung von Freiwohnungen und eventuell Feuerung in dem dazu errichteten Gebäude" zu unterstützen, entstand zunächst ein reines Wohnstift in der Bürgerweide. Dieses verwaltete Ida Schmidt bis zu ihrem Tod selbst, was für die damalige Zeit eine für eine Frau ungewöhnliche Entscheidung war.

Bewohnerinnen sollten Hamburgerinnen sein. Ida Schmidt griff so die damals üblichen Richtlinien auf: Kriterium für die Aufnahme in ein bürgerliches Wohnstift war in der Regel nicht nur die finanzielle Bedürftigkeit, sondern auch die moralische Lebensführung. Gleichzeitig ist die Errichtung der Alida Schmidt-Stiftung beispielgebend für das Zusammenspiel von privatwohltätigen und öffentlichen Maßnahmen gegen Wohnungsknappheit und zu hohen Mietkosten im 19. Jahrhundert.

In der Bürgerweide in Borgfelde errichtete Ida Schmidt ihr Wohnstift. Heute betreibt die Stiftung in den drei angrenzenden Häusern ihre Kinder-, Jugend- und Eingliederungshilfe sowie ein Wohnhaus für die ambulante Betreuung von Klientinnen sowie für Menschen mit geringem Einkommen.

Zwei Generationen in einer Seniorenwohnanlage, das gibt es nicht so oft. Hier wohnen Mutter und Tochter jeweils in ihren eigenen Wohnungen in der Carl und Amanda Behrs Seniorenwohnanlage.

Nach dem Zweiten Weltkrieg erweiterte die Stiftung ihre Aufgaben indem sie „Wohnheime" für verschiedene benachteiligte Zielgruppen, wie zum Beispiel „heimatlose Mädchen" oder „Schwerbeschädigte" betrieb. Seit den 1970er Jahren wurden professionelle pädagogische Hilfen für junge Frauen und Familien sowie Menschen mit Abhängigkeitserkrankungen entwickelt. Sie bilden heute den Schwerpunkt der Stiftungstätigkeit.

Älteren Menschen bietet die Stiftung in Bramfeld und Horn Seniorenwohnungen mit Betreuung an. Mit dem Bau des Max Brauer Hauses im Jahr 1976 in Bramfeld wurden bereits vorbildliche Standards gesetzt. So waren alle Ein-Personen-Wohnungen mit bodengleichen Duschen ausgestattet, ein wesentliches Element seniorengerechten Wohnens.

In der 1985 erbauten Carl und Amanda Behrs Wohnanlage in Horn, die ebenfalls Servicewohnen für Senior*innen anbietet, hat die Alida Schmidt-Stiftung in den Jahren 2019 bis 2022 in 60 Wohnungen die Zugänge zu den Balkonen und Terrassen normgerecht barrierefrei umgebaut. Alle Türen wurden durch neue türanschlagfreie Terrassen- und Balkontüren ersetzt. Für diese Maßnahmen gab es einen Zuschuss von der Investitions- und Förderbank (IFB) Hamburg.

Nicht zuletzt gehören zur Stiftung vier Wohnhäuser in Winterhude und Dulsberg. Hier wohnen Familien und andere Menschen mit geringem Einkommen.

Die Alida Schmidt-Stiftung betreut laufend etwa 200 Familien mit ihren Kindern sowie junge Frauen mit psychischen Erkrankungen. Sie unterstützt außerdem rund 1.600 Menschen mit einer Abhängigkeitserkrankung in Facheinrichtungen der Suchtkrankenhilfe. Über 300 Senior*innen mit geringem Einkommen haben in einer der stiftungseigenen Anlagen eine eigene Wohnung gemietet und erhalten Betreuungsleistungen.

2021 konnten Grundstück und Gebäude des Max Brauer Hauses von der stadteigenen SAGA Unternehmensgruppe angekauft werden, sodass die Alida Schmidt-Stiftung in eigener Verantwortung über die Weiterentwicklung der Einrichtung entscheiden kann. Ein Neubau auf dem Grundstück der 2020 stillgelegten stationären Pflege sowie eine Modernisierung der Wohngebäude sind in Planung. 2023 wurde ein Bauvorbescheid erteilt, der einen Neubau mit Wohnungen sowie die Errichtung eines zweiten Vollgeschosses auf den sechs Bestandsgebäuden ermöglicht.

Die Alida Schmidt-Stiftung kooperiert mit vier weiteren Stiftungen: mit der Flutopfer-Stiftung von 1962, der Wilhelm Carstens Gedächtnis-Stiftung, der Georg und Emma Poensgen-Stiftung und der Hamburger Stiftung Wohnen und Teilhabe. Die fünf gemeinnützigen Stiftungen werden von einem gemeinsamen Vorstand, einer Geschäftsführerin und einer Hauptverwaltung aus geleitet, sind weiterhin rechtlich und wirtschaftlich unabhängig voneinander.

Marie Luise Stolte liebt es, alten Teilen neue Besitzer*innen zu geben. Sie wohnt seit mehr als zehn Jahren im Max Brauer Haus, einer Service-Wohnanlage für Senior*innen, und managt das „Stübchen“, ein Second-Hand-Lädchen, in das die Bewohner*innen nicht mehr benötigte, aber oft noch schöne Dinge bringen. Von den dafür eingenommenen Spenden gibt es jährlich ein Fest für alle Bewohner*innen mit Tanz, Kaffee und Kuchen.

Amalie Sieveking-Stiftung

1832 von ihrer Namensgeberin gegründet, ist die Amalie Sieveking-Stiftung heute eine gemeinnützige Einrichtung des Servicewohnens für Menschen ab 60 Jahren.

Die Amalie Sieveking-Stiftung wird durch die hauptamtliche Vorsteherin und Geschäftsführung sowie von vier ehrenamtlich tätigen Vorstandsmitgliedern geleitet. Diese kommen aus dem kaufmännischen, juristischen und bausachverständigen Bereich sowie aus dem Finanzwesen.

Die Amalie Sieveking-Stiftung befindet sich im Herzen Hamburgs, im Stadtteil St. Georg, einem lebhaften, multikulturell geprägten Quartier mit vielen kulturellen Angeboten, großen Kirchen- sowie muslimischen Gemeinden, in unmittelbarer Nähe zum Hauptbahnhof und zur Außenalster.

„Dem Bestand verbunden und Neuem gegenüber aufgeschlossen" – so ist die Haltung, mit der sich die Amalie Sieveking-Stiftung neuen Wohn- und Pflegekonzepten, neuen Altersbildern und Netzwerken öffnet. Die insgesamt acht Stiftsgebäude bilden um das älteste, im Jahre 1840 vom renommierten Hamburger Architekten Alexis de Chateauneuf entworfene erste Amalienstift ein denkmalgeschütztes Ensemble. Die drei historischen Bauten und die fünf neuen, in 2021 fertiggestellten Wohngebäude umschließen den großen Stiftsgarten. In unmittelbarer Nähe gibt es noch ein weiteres dazugehöriges Gebäude, das Pauline Mariannen-Stift, mit öffentlich gefördertem Wohnraum sowie einer Großwohnung für Menschen, die in einem Wohngemeinschaftskonzept leben möchten.

Als gemeinnützige Stiftung erfüllt die Amalie Sieveking-Stiftung ihren Stiftungszweck mit der Wohnform Service-Wohnen, indem sie öffentlich geförderten Wohnraum für Menschen ab sechzig Jahren mit geringem Einkommen vermietet. Service-Wohnen heißt, selbstständig in der eigenen Wohnung zu leben und gleichzeitig die Sicherheit zu haben, im Bedarfsfall nicht allein zu sein. Integriert in die Stiftsgebäude sind auch eine Wohn-Pflege-Gemeinschaft für Menschen mit demenziellen Erkrankungen, die Tagespflege der Pflegediakonie sowie eine Pflegewohnung auf Zeit – ein Pionierprojekt im Stadtteil St. Georg. Bis auf

Insgesamt acht Stiftsgebäude bilden um das älteste mittige Amalienstift ein denkmalgeschütztes Ensemble mit großem Garten.

Im Amalie Sieveking-Saal finden Vorträge, Feiern und Veranstaltungen statt.

das erste Amalienstift sind sämtliche Gebäude barrierearm erbaut beziehungsweise entsprechend modernisiert worden.

Die Interpretation und das Wissen um das Wirken der Stiftsgründerin, Menschen zu ermächtigen, in durchaus auch komplexen Lebenssituationen selbstbestimmt zu agieren, ist bis heute handlungsleitend für alle Arbeitsfelder. Aus diesem Grund beschäftigt die Stiftung im Betreuungs-/Sozialdienst ausschließ-

Amalie Sieveking (1794–1859) trieb die professionelle Sozialarbeit maßgeblich voran. Das erstarkende ehrenamtliche Engagement bürgerlicher Frauen hatte sowohl moralische als auch emanzipatorische oder, wie in Amalie Sievekings Fall, christliche Hintergründe. Die Frauenbewegung erweiterte die sich bereits entwickelnde Armenfürsorge, in der es auch schon erste Ansätze von Einzelfallhilfen gab und leitete einen Paradigmenwechsel ein – weg von kasernierender Armutsverwaltung, hin zu einer zugewandten Wohlfahrtspflege.
Amalie Sieveking blieb als früh verwaister Tochter aus höherem Hause das Elend der armen Bevölkerung in Hamburg nicht verborgen. 1832 gelang es ihr, „Gehülfinnen" für den von ihr gegründeten „Weiblichen Verein für Armen- und Krankenpflege" zu gewinnen, die ehrenamtlich nach den von ihr entwickelten Leitlinien arbeiteten. Anfangs war dieser ein reiner Besuchsverein, der Hausarmenpflege betrieb und trotz anfänglicher Widerstände wuchs. So hatte Amalie Sieveking schnell die Idee, diesen reinen Besuchsverein zu einem Wohnstift zu erweitern. Hintergrund war die Leitvorstellung, einige Armenwohnungen für besonders „redliche Hausväter" für geringe Mieten zur Verfügung zu stellen. Im Jahre 1840 wurde das erste Amalienstift errichtet. Dieses Gebäude steht bis heute auf dem Gelände des Vereins, der seinen Namen zu Ehren der Gründerin 1978 in Amalie Sieveking-Stiftung geändert hat. Als Zeitgenossin von Johann Hinrich Wichern und Johann Wilhelm Rautenberg war Amalie Sieveking mit ihrem Engagement auch Wegbereiterin der Diakonie.

lich (angehende) Sozialarbeiter*innen. Darüber hinaus werden Konzepte für das queere Wohnen im Alter erstellt und umgesetzt. Die Vernetzung mit anderen Projekten, Einrichtungen und der Freien und Hansestadt Hamburg, um eine langfristige Verbesserung der Wohn- und Versorgungssituation von queeren Menschen im Alter zu bewirken, steht dabei im Vordergrund.

Die Stiftung schätzt und pflegt generell einen engen Austausch mit ihren Bewohner*innen sowie ein hohes Maß an Beteiligungen und Begegnungen und dafür ist eine interdisziplinäre Perspektive auf die Lebensphase Alter(n) entscheidend. Die Amalie Sieveking-Stiftung ist Mitglied der „Arbeitsgemeinschaft Stiftsviertel St. Georg", eine Initiative aus den Institu-

tionen Amalie Sieveking-Stiftung, Baugenossenschaft freier Gewerkschafter eG, Bezirksamt Hamburg-Mitte, Sozialraummanagement, Pflegediakonie, Evangelisch-lutherische Kirchengemeinde St. Georg-Borgfelde, Hamburger Blindenstiftung, Hartwig-Hesse-Stiftung, Hochschule für Angewandte Wissenschaften Hamburg, Hinz&Kunzt gGmbH, Interessengemeinschaft Steindamm e.V., Kita Campuskinder, Kita Quartierkinder, Kulturladen St. Georg e.V., PINK Beratung & Training gGmbH. Die Diversität dieser Einrichtungen schafft ein breites Fundament, verschiedene Ressourcen zu bündeln und Synergien zu nutzen, um neue Wohn- und Versorgungsstrukturen für die Bewohner*innen im Stiftsviertel St. Georg zu etablieren.

Ein Ziel der Stiftung ist der Erhalt bezahlbaren Wohnraums im Stadtzentrum von Hamburg. Zusätzliche Hilfsangebote und Beratung in pyscho-sozialen, sozialrechtlichen oder pflegerischen Belangen erleichtern den Alltag und geben Sicherheit.

Anna Büring Testament

Stifterin Anna Büring, Witwe des Hamburger Bürgermeisters Henning Büring

Anna Büring, Witwe des Bürgermeisters Henning Büring (1453–1498), stiftete die im Jahre 1535 errichteten Freiwohnungen, sogenannte „Gotteswohnungen" in der Steinstraße. Heute, fast 500 Jahre später, ist das „Anna Büring Testament" eine der ältesten Hamburger Stiftungen.

Der Stiftungszweck ist durch die Jahrhunderte festgeschrieben und bis heute aktuell geblieben und bezieht sich auf die Vergabe von günstigem Wohnraum an alte und bedürftige Personen beiderlei Geschlechts.

Nach der Sanierung in der Hamburger Altstadt wurde das Wohnstift zu Beginn des vergangenen Jahrhunderts nach Winterhude, in die Greflingerstraße 5 verlegt. Dort entstand 1914 das neue Stiftsgebäude mit heute 22 modernisierten Wohnungen. Jede Wohnung hat einen Balkon. Das Gebäude verfügt über

Das Wohnstift „Anna Büring Testament" in Winterhude

einen modernen Personenaufzug und steht unter Denkmalschutz. Im Gartengeschoss befindet sich eine kleine Gästewohnung, die für wenig Entgelt für Besuche angemietet werden kann. Außerdem gibt es im Gebäude eine Waschküche mit Trockner. Den Garten können alle Bewohner*innen gemeinsam nutzen.

Zu sehen ist der Eingangsbereich mit Ehrentafeln in Gedenken an die Stifterin.

Zukünftig und für die Weiterentwicklung ist geplant, in allen Wohnungen ein komplettes Badezimmer einzubauen. Derzeit sind erst zehn Wohnungen damit ausgestattet, bei den anderen ist die Dusche noch in der früheren Speisekammer untergebracht, deren Zugang über die Küche erfolgt.

Die Stiftung vermietet an Personen ab dem Rentenalter mit geringem Einkommen beziehungsweise bei Vorlage eines Wohnberechtigungsscheins. Das im Gebäude wohnende Hausmeister-Ehepaar sowie alle ehrenamtlich tätigen Vorstandsmitglieder kümmern sich um das Wohl der Bewohner*innen.

Ein Modell dieser ersten Hamburger „Gotteswohnungen", gestiftet von Anna Büring, befindet sich im Museum für Hamburgische Geschichte am Holstenwall in der Hamburger Neustadt.

Benno und Inge Behrens-Stiftung

Die gemeinnützige Benno und Inge Behrens-Stiftung, kurz Behrens-Stiftung, ist keine klassische Wohnstiftung. Vielmehr ist sie ein sozialer Investor, der sich darüber hinaus in der Wohnungslosenhilfe engagiert.

Gegründet wurde die Stiftung 1990 in Hamburg vom Bauunternehmer Benno Behrens und seiner Frau Inge Behrens. Die Aufgabe der Stiftung ist es, Wohnungen für die Menschen zu bauen, die aufgrund einer Bedürftigkeit nur schwer oder gar keinen Zugang zu Wohnungen haben. Ihnen bietet die Stiftung reguläre Mietverträge zu bezahlbaren Preisen an. Im Jahr 2017 wurde der Stiftungszweck um einen Aspekt erweitert: Die Behrens-Stiftung kann nun ihren Mieter*innen Betreuung und Beratung anbieten und sie auf dem Weg in eine eigene Wohnung unterstützend begleiten.

Rex hieß der Hund des Stifterehepaars auf dem Foto und war wohl recht schlecht erzogen, haben die Recherchen der Stiftung ergeben. Benno und Inge Behrens waren sehr tierlieb und nahmen mehrfach Hunde bei sich auf.

Das Fundament der gesamten Unternehmung legten Benno Behrens, Hans Kauffmann und Franz Glogner, als sie 1946 den Abbruchbetrieb „Behrens, Glogner & Co.“ gründeten. Daraus entstanden Baubetreuungs- und Bauträgergeschäfte, deren Erträge bereits seit den 1950er Jahren in den Mietwohnungsbau investiert wurden. So entwickelte sich nach und nach ein umfangreicher Wohnungsbestand. Zur Geschäftsphilosophie der Unternehmensgründer gehörte es, ihren Mieter*innen stabile und gute Mietverhältnisse gerade im unteren Preissegment anzubieten.

Seit ihrer Gründung hat die Behrens-Stiftung eine

Vielzahl an Wohnprojekten für Bewohnergruppen mit besonderen Bedarfen realisiert. Heute fokussiert sie ihr Engagement im Großraum Hamburg auf den Wohnungsbau für obdachlos gewordene Menschen und deren Unterstützung.

Im Besitz der Behrens-Stiftung sind zwei historische Altbauten, in denen heute Wohnprojekte für obdachlose Menschen realisiert werden. Den größeren Anteil an Wohnungen bilden hingegen Neubauten, welche die Behrens-Stiftung speziell für die Bedürfnisse ehemals obdachloser Menschen, aber auch anderer Bedarfsgruppen, konzipiert hat. Sie umfassen

Die Behrens-Stiftung schafft Wohnraum für Menschen ohne Obdach, hier in Wilhelmsburg speziell für Frauen.

Damit sich die Lebenslage für Menschen ohne Obdach nachhaltig verbessert, brauchen sie zuallererst einen Wohnraum, wie hier in Hamburg-Schnelsen.

hauptsächlich kleinere Wohneinheiten für ein bis zwei Personen und werden teilweise durch Gemeinschaftsräume ergänzt, in denen die Bewohner*innen sich treffen und auch gemeinsam kochen können.

Bei Neubauvorhaben hat die Behrens-Stiftung einen wirtschaftlich engen Rahmen einzuhalten sowie städtebauliche Auflagen zu erfüllen. Gleichwohl möchte sie den zukünftigen Bewohnenden möglichst viel Komfort und ein schönes Zuhause bieten. Die Wohnanlagen sollen ansprechend gestaltet sein. Die Bauplanung der beauftragten Architekt*innen berücksichtigt diese Ansprüche. Durch die Verwendung wiederkehrender Grundrisse und typisierter Bauteile

Ziel ist es, die Menschen aus Übergangswohnprojekten in unbefristete Mietverhältnisse zu vermitteln.

können Kosten eingespart werden. Auf die Errichtung von Tiefgaragen und Untergeschossen wird möglichst verzichtet. Wo die Voraussetzungen gegeben sind, wird barrierefrei gebaut. Zudem wird darauf geachtet, dass die Wohnräume flächeneffizient geplant und möglichst lichtdurchflutet sind. Die Wohneinheiten verfügen regelmäßig über einen Freisitz und werden mit moderner Einbauküche und Bad an die Mieter*innen übergeben. Durch die Anordnung der Baukörper, die Gestaltung der Fassaden und der Freiflächen wird das Gemeinschaftsgefühl in den Wohnanlagen unterstützt und gefördert. Die Menschen sollen sich in ihrer neuen Umgebung wohlfühlen, auch mit körperlichen Einschränkungen gut dort leben können und mit anderen Bewohner*innen in Kontakt kommen.

Die Behrens-Stiftung schätzt den Austausch mit anderen Hamburger Stiftungen und sozialen Trägern sehr. Dadurch sind bereits gemeinsame Bauvorhaben und Kooperationen entstanden. Außerdem nimmt die Behrens-Stiftung regelmäßig an den Hamburger Stiftungstagen teil, um mit weiteren Stiftungen ins Gespräch zu kommen und die interessierte Öffentlichkeit zu informieren.

Die Behrens-Stiftung ist stetig auf der Suche nach passenden Baugrundstücken zur Umsetzung weiterer Wohnprojekte für obdachlose Menschen. Zudem beteiligt sie sich gemeinsam mit anderen Stiftungen auch an städtischen Ausschreibungen für zukünftige Stiftungsquartiere in Hamburg.

Carl-Toepfer-Stiftung

Die Carl-Toepfer-Stiftung wurde 1936 in Freiburg/ Breisgau von den Brüdern Alfred und Ernst Toepfer gegründet und 1942 mit dem Stiftungssitz nach Hamburg verlegt. Das heutige Profil der Stiftung umfasst gemäß der aktuellen Satzung neben der Alten- und Jugendhilfe die Förderung von Kunst, Kultur und Wissenschaft ebenso die Völkerverständigung sowie die Denkmal- und Heimatpflege.

Das Architekturensemble in der Hamburger Neustadt aus der Luft gesehen.

Die Carl-Toepfer-Stiftung wurde am 29. Februar 1936 mit dem vorrangigen Zweck, die Mitglieder der Familie Carl Toepfers zu unterstützen, gegründet. Im Jahre 1942 wurde die Stiftung nach Satzungsänderungen als gemeinnützig anerkannt. Die Aktivitäten der Carl-Toepfer-Stiftung ruhten nach der Währungsreform von 1948 bis in den Anfang der 1960er Jahre.
Durch finanzielle Zuwendungen **Alfred Toepfers** aus seinem Privatvermögen beziehungsweise aus seinen Firmen begann ab 1962 der finanzielle Neuaufbau der Stiftung. Von 1968 bis 1984 entstand aus Mitteln der Carl-Toepfer-Stiftung und einem Darlehen der Alfred-Toepfer-Stiftung F.V.S. die Wohnanlage Peterstraße/ Neanderstraße/Hütten in der Hamburger Neustadt.

Die Carl-Toepfer-Stiftung unterhält und pflegt die Wohnanlage Peterstraße/Neanderstraße/Hütten in der Hamburger Neustadt mit 245 überwiegend kleineren Wohnungen. Durch die Vermietung der Wohnungen und bestehender Gewerbeflächen erwirtschaftet die Carl-Toepfer-Stiftung einen jährlichen Überschuss, der für die genannten Aktivitäten beziehungsweise Projekte zur Erfüllung der Satzungszwecke verwendet wird.

Die Stiftung pflegt eine große denkmalgeschützte Wohnanlage samt Lichtwarksaal, in dem regelmäßig plattdeutsche Lesungen und klassische Konzerte stattfinden.

Das Ensemble aus historisch rekonstruierten Althamburger Bürger- und Kaufmannshäusern, deren historische Fassaden aus dem 17. bis 19. Jahrhundert stammen, darunter auch das ehemalige Beyling-Stift von 1751, wirkt in mehrfacher Weise ins Quartier hinein: Es bietet einen idealen Ort für das Komponisten-Quartier mit dem Brahms-Museum, die Hamburger Musikgeschichte lebendig zu machen. Im Lichtwarksaal finden viele Veranstaltungen, Konzerte und plattdeutsche Lesungen statt. Mit der Niederdeutschen Bibliothek und einem Café ergibt sich ein weiterer kul-

Viele Häuser in der Wohnanlage der Carl-Toepfer-Stiftung sind nach Vorbildern historischer Gebäude errichtet, die an anderer Stelle in Hamburg gestanden haben. Die Messingschilder an den Hauseingängen verweisen und erinnern an die Originalplätze. Eine Besonderheit weist das Haus in der Neanderstraße 22 auf: Es ist die Replik des Paradieshofs im Alten Steinweg 11, unweit der Wohnanlage. In den 1980er Jahren sollte das Ursprungsgebäude aus dem 18. Jahrhundert verkauft und abgerissen werden. Einer engagierten Bürgerinitiative ist es zu verdanken, dass der Abriss abgewendet werden konnte, so dass heute Original und Replik in direkter Nachbarschaft stehen.

tureller und sozialer Anziehungspunkt für die Bewohner*innen und das gesamte Stadtquartier.

Die Wohnanlage dient nur zu einem kleinen Teil als klassisches Wohnstift. Sie liegt um einen grünen Innenhof mit wundervoll angelegten Gärten und ist gleichzeitig Sitz der Carl-Toepfer-Stiftung. Die Wohnungen sind überwiegend Einzimmer- und Zweizimmerwohnungen, durchweg nicht barrierefrei. Ein großer Teil wird zu einer marktüblichen Miete auf dem freien Wohnungsmarkt angeboten. 50 Wohnungen werden zu einer sehr günstigen Miete an bedürftige alte Menschen vermietet. Dieser Personenkreis erhält weitere Vergünstigungen und Angebote wie regelmäßige Treffen bei Kaffee und Kuchen, den sogenannten Seniorenklönschnack, einen jährlich stattfindenden Ausflug sowie eine liebevolle Betreuung bei Fragen rund ums Wohnen.

Die Carl-Toepfer-Stiftung modernisiert die Wohnungen bei Bedarf und saniert aktuell umfangreich und noch bis in die kommenden Jahre einen Teil ihrer Häuser, wobei auch die Erneuerung der Versorgungsleitungen für Wasser und Strom dazu gehört. Der Erhalt der historischen Fassaden ist nicht nur in der Satzung festgeschrieben, sondern auch die oberste Verpflichtung gegenüber dem Stifter, den Mieter*innen und den zahlreichen, auch internationalen Besucher*innen in der Peterstraße/Neanderstraße/Hütten.

Eine sehr intensive und enge Bindung pflegt die Carl-Toepfer-Stiftung mit der St. Michaeliskirche, dem „Michel", und engagiert sich darüber hinaus in der Nachbarschaft mit Projekten und Förderungen lokaler Einrichtungen und Organisationen insbesondere zur Unterstützung von Kindern und Jugendlichen sowie älteren Menschen.

Die historisch rekonstruierten Althamburger Bürger- und Kaufmannshäuser in der Peterstraße werden auch von internationalen Besucher*innen bewundert.

Vom Hamburger Bürgermeister Herbert Weichmann stammte die Initiative zum Bau der Häuser in der Peterstraße. Er bat den Hamburger Kaufmann und Stifter Alfred Toepfer, das vor dem Abriss stehende Haus des Beyling-Stifts in der Peterstraße 39 zu retten. Alfred Toepfer willigte ein mit den Worten: „Ich habe Erfahrung in der Denkmalpflege – eine kostspielige Sache. Aber ich will mir die Sache ansehen." Toepfer erwarb in der Folge weitere Grundstücke in unmittelbarer Nähe, um dort alte Hamburger Kaufmannshäuser aus dem 17. bis 19. Jahrhundert originalgetreu wiederaufzubauen.

Else Voss Stiftung

„Ich habe genug Geld verdient. Jetzt wird es Zeit, dass auch andere davon profitieren." Dies schrieb **Karl Andreas Voss**, der Verleger und Mitbegründer des Axel Springer Verlags, im März 1968 an seine Töchter und Schwiegersöhne in einem Brief, mit dem die Geschichte der Else Voss Stiftung begann.
Karl Andreas Voss wollte älteren Menschen mit geringem Einkommen ermöglichen, auch bis ins hohe Alter selbstständig und gut zu leben. Ein bis dahin nicht bekanntes Konzept entstand: geförderte Appartements für alleinstehende Senior*innen. Im Sommer 1968 wurde die Else Voss Stiftung gegründet, benannt nach der Ehefrau von Karl Andreas Voss. Ein Jahr später wurde das Grundstück in Rissen von der Stadt Hamburg gekauft und das Architekturbüro Lehmann & Lodders mit dem Entwurf der Wohnanlage beauftragt. Zu Jahresbeginn 1971 konnten die ersten Bewohner*innen einziehen.

Die Else Voss Stiftung war eine der ersten Wohnstiftungen, die Anfang der 1970er Jahre in Rissen eine Seniorenwohnanlage errichten ließ. Ziel und Zweck der gemeinnützigen Stiftung ist es bis heute, alleinstehenden älteren Menschen mit kleinem Einkommen preiswerten Wohnraum zur Verfügung zu stellen, der ihnen im Rahmen des „Servicewohnens" ein selbstständiges Leben in der eigenen Wohnung bis ins hohe Alter ermöglicht. Die derzeit jüngste Bewohnerin ist 65 Jahre alt, die älteste Bewohnerin ist vor Kurzem mit 102 Jahren in eine Pflegeeinrichtung gezogen.

Die Anlage beeindruckt durch ihre großzügige, zweckmäßige Anordnung. Die Gebäude sind von schön gepflegten Gärten mit zahlreichen Sitzgelegenheiten umgeben, die zum Aufenthalt im Freien einladen. Knapp 3.000 Quadratmeter Wohnfläche verteilen sich auf ein dreigeschossiges sowie zwei zweigeschossige Wohnhäuser. 80 Einzimmerwohnungen und zwei Zweizimmerwohnungen stehen zur Verfügung. Die Appartements mit jeweils circa 33 Quadratmetern haben ein geräumiges Zimmer, eine separate modern eingerichtete Küche, ein Vollbad mit bodengleicher Dusche, einen Flur mit großen Einbauschränken sowie einem Südbalkon mit Aussicht in den Garten. In jeder Wohnung sind ein Telefonanschluss und ein mobiler Hausnotruf installiert. Die Waschküchen mit Trockenkellern und Bügelräumen können im Souterrain genutzt werden.

Im Hauptgebäude befinden sich ein großer Gemeinschaftsbereich, das Leitungsbüro, die Küche und eine Bibliothek. Die Bibliothek bietet eine große Auswahl an Büchern, Hörbüchern, DVDs und Spielen sowie ein iPad mit Online-Zeitungen, einen Compu-

terplatz mit Internetanschluss und ein Lesegerät für die Bewohner*innen mit Seheinschränkungen. Eine gemütliche Sitzecke mit Blick ins Atrium lädt zum Schmökern und Verweilen ein.

Fast unscheinbar liegt der Eingang der Else Voss Stiftung am Sülldorfer Brooksweg. Die Stiftung hat vieles bewahrt, was sich bewährt hat, und öffnet sich stets auch dem Neuen.

Im großzügigen Foyer finden Kaffeenachmittage, gemeinsame Essen von und mit Bewohner*innen, Kinovorstellungen, Konzerte und Vorträge statt. Mit Amüsement erinnern sich viele an einen Vortrag einer Ärztin, bei dem es um chronische Schmerzen ging. Eine Bewohnerin fragte, ob sie ihre Übungen einmal zeigen könnte, die sie jeden Morgen macht. Dafür legte sie sich einfach zwischen allen Stühlen auf den Teppichboden und begann mit ihren Beinübungen. Alle klatschten, denn es war die älteste Bewohnerin mit über 100 Jahren.

Beliebt sind auch der Billardtisch und die Spielekonsole für Bewegungsangebote. Weiterhin befinden sich im Haus ein Fitnessraum sowie ein Kunst-Atelier, in dem auch Gedächtnistrainingskurse angeboten werden. Zudem steht den Bewohner*innen eine moderne Gästewohnung zur Verfügung.

Die drei Gebäude sind von schön gepflegten Gärten mit zahlreichen Sitzgelegenheiten umgeben, die zum Aufenthalt im Freien einladen. Jede Wohnung hat einen Südbalkon.

Bis heute ist die Familie der Gründer eng mit der Stiftung verbunden: die Enkelin sowie ein Urenkel von Else und Karl Andreas Voss arbeiten ehrenamtlich im Vorstand der Stiftung. Die drei Apfelbäume im Garten sind nach den drei Urenkeln benannt. Die sehr fleißigen Rasenmähroboter tragen die Namen der Ururenkel von Else und Karl Andreas Voss.

Seit 2023 ist die Wohnanlage barrierefrei, alle Häuser und Ebenen sind über Rampen und Fahrstühle zu erreichen und sämtliche Gemeinschaftstüren wurden elektrifiziert. Fast alle Wohnungen sind mit bodengleichen Duschen ausgestattet. Nach und nach werden alle Appartements auf den gleichen, modernen und barrierefreien Zustand gebracht. Neun Wohnungen müssen noch grundsaniert werden, was für die drei kommenden Jahre geplant ist. Für die Zukunft stehen neben dem Erhalt des jetzigen Zustandes der Stiftung die energetische Modernisierung mit Photovoltaik-Anlagen und Wärmepumpen sowie eine Umstellung auf Smart Home Technologie in den Wohnungen auf dem Plan.

Die Else Voss Stiftung ist aktiv im Stadtteil und nimmt an generationsübergreifenden Projekten teil. Sie pflegt eine rege Zusammenarbeit mit der Stadtteilschule Rissen, Schüler*innen der Jahrgänge 9 und 10 betätigen sich mit verschiedenen „Start-Ups“ im Haus: das Start-Up „Soziales Engagement“ führt regelmäßig Handy-Sprechstunden für die Bewohner*innen durch und hilft im Herbst im Garten die Laubmassen zu harken und abzutransportieren. Das Start-Up „Catering“ kocht einmal in der Woche „Essen auf Rädern“ für die Bewohner*innen und das Start-Up „Holz“ baute bereits zahlreiche Hochbeete für den Garten. Demnächst geplant sind Rikscha-Ausfahrten.

Die Else Voss Stiftung liegt fußläufig vom Rissener Dorfkern entfernt, auch die Elbe und der Klövensteen sind nah. Alles ist schnell zu Fuß, mit dem Rad oder mit dem stiftseigenen „Sollso“-Laufrad für Erwachsene zu erreichen. Auch die Anbindung an den öffentlichen Nahverkehr ist gut. Regelmäßig fahren Busse ins Dorf, nach Wedel und Blankenese.

Kulturelle Angebote wie plattdeutsche Lesungen, Märchenerzählungen und gemeinsames Singen sorgen für Anregung, Kommunikation und Lebensqualität bei den Bewohner*innen.

„Wir sind beim Hamburger Bündnis für Wohnstifte dabei, da wir vor allem den Aspekt des Networkings im Bündnis sehen. Die Vernetzung und der Austausch mit anderen Hamburger Stiftungen ist für uns wichtig. Wir schätzen aber auch die Kontakte zu den zuständigen Stellen im Hamburger Senat sowie die Untergremien und Arbeitsgruppen mit Angeboten für die Stiftungsarbeit.“
Johanna Zwarg, Leitung Else Voss Stiftung

Eidelstedt
Lohbrügge
Meiendorf
Wilhelmsburg

Flutopfer-Stiftung von 1962

Die Sturmflut von 1962, bei der allein in Hamburg 315 Menschen starben und Tausende obdachlos wurden und ihr Hab und Gut verloren, ist bis heute im Stadtgedächtnis fest verankert. Das Gesicht der Nacht war Helmut Schmidt, der damalige Innensenator, der durch sein unkonventionelles Vorgehen bei der Rettungsaktion vielen Menschen das Leben rettete. Sein Sozialsenator Ernst Weiß hatte die Idee, die Stiftung zu errichten, um schnelle und unbürokratische Hilfe für Hinterbliebene zu ermöglichen.

Aus den weltweiten Spenden wurde die Flutopfer-Stiftung von 1962 durch die Freie und Hansestadt Hamburg gegründet. Die Stiftung errichtete ihre erste Seniorenwohnanlage in Wilhelmsburg inmitten des ehemaligen Flutgebiets.

Unten: Das Wilhelm Leuschner Seniorenzentrum in Lohbrügge mit dem 2013 neu errichteten Wohngebäude.

Die Flutopfer-Stiftung von 1962 wurde durch die Freie und Hansestadt Hamburg aus einem Teil der weltweiten Spenden gegründet. Die Stiftung unterstützte Hinterbliebene von Sturmflutopfern mit einer monatlichen Rente und weiteren Zuwendungen. Die letzte Hinterbliebene, die durch die Stiftung finanziell unterstützt wurde, verstarb 2021.

Die Stiftung erhielt auch den Auftrag, zerstörten Wohnraum wiederherzustellen. Ernst Weiß machte sich dabei stark für die Errichtung von „Rentnerwohnungen". Nicht nur könnten diese den Flutgeschädigten von Nutzen sein, sie würden auch auf ewig an die Flutkatastrophe erinnern. So errichtete die Flutopfer-Stiftung ihre erste Seniorenwohnanlage in Wilhelmsburg inmitten des ehemaligen Flutgebiets. Wer hier einzog, hatte meist seine Wohnung durch die Flut verloren oder musste diese für neue Hochwasser-Schutzbauten aufgeben. Weitere Seniorenwohnanlagen wurden in Lohbrügge, Eidelstedt und Meiendorf gebaut. Auch wenn dort nur in Einzelfällen ältere Sturmflut-Betroffene einzogen, so trug die Stiftung mit ihrem Angebot doch spürbar zu einer preiswerten und seniorengerechten Wohnungsversorgung in Hamburg bei.

Marianne und Karl Sommerfeldt waren beide 25 Jahre alt, als in der Nacht der Flut-Katastrophe am 16./17. Februar 1962 die Wassermassen ihre Wohnung in der Veringstraße in Wilhelmsburg erreichten. Diese lag im Parterre und wurde einen halben Meter überflutet. Die Möbel waren fast alle durchgeweicht, die Elektrogeräte kaputt und ebenso das Auto, das in der Garage stand. „Als Hilfe haben wir Geld vom Rathaus gekriegt, ganz ohne Belege. Und von unseren Verwandten aus Amerika", erzählt Marianne Sommerfeldt, inzwischen Witwe und seit 2011 Bewohnerin der Seniorenwohnanlage der Flutopfer-Stiftung von 1962 in Wilhelmsburg.

Die Stiftung und ihre Wohnstifte stehen für Solidarität und Hilfe vieler Menschen, die mit den Betroffenen der Flutkatastrophe mitfühlten und spendeten, und ihre Hilfe wirkt bis heute. „Die Unterstützung hilfsbedürftiger Personen und die Förderung der Altenhilfe" ist Zweck der Stiftung. Die stiftungseigenen Seniorenwohnanlagen sowie der ambulante Pflegedienst stehen nicht nur Hinterbliebenen der Flutopfer, sondern auch anderen bedürftigen Personen offen. Das Angebot der Stiftung für Senior*innen umfasst heute insgesamt 420 Wohnungen, deren Standorte sind: die Seniorenwohnanlage Wiebischenkamp in Eidelstedt, die Seniorenwohnanlage der Flutopfer-Stiftung in Wilhelmsburg, das Wilhelm Leuschner Seniorenzentrum in Lohbrügge.

Die Wohnungen in Meiendorf wurden 2021 an die SAGA verkauft, die für die Wohnanlage Zellerstraßen/ Nordlandweg eine umfassende Neubau-Planung entwickelt haben. Die Seniorenbetreuung übernimmt weiterhin die Flutopfer-Stiftung.

Die größte Anlage ist das Wilhelm Leuschner Seniorenzentrum in Lohbrügge. Hier wurde die stationäre Pflege 2013 durch ein neues, barrierefreies Gebäude ersetzt, sodass aktuell 220 Wohnungen angeboten werden können. Bei der Einweihung tanzte auf Einladung des Lions Club Waterkant das von John Neumeier ins Leben gerufene Bundesjugendballett und erfreute die Bewohner*innen.

Alle Seniorenwohnanlagen der Stiftung pflegen sehr gute Kontakte ins Quartier, in Lohbrügge zum Beispiel musizieren Grundschulkinder und Senior*innen im Projekt „alt trifft jung" der Hamburger Staatsoper gemeinsam und generationenübergreifend.

Die Flutopfer-Stiftung von 1962 kooperiert mit vier weiteren Stiftungen: mit der Alida Schmidt-Stiftung, der Wilhelm Carstens Gedächtnis-Stiftung, der Georg und Emma Poensgen-Stiftung und der Hamburger Stiftung Wohnen und Teilhabe. Die fünf gemeinnützigen Stiftungen werden von einem gemeinsamen Vorstand, einer Geschäftsführerin und einer Hauptverwaltung aus geleitet, sind aber weiterhin rechtlich und wirtschaftlich unabhängig voneinander.

In Lohbrügge erprobte die Stiftung das innovative Konzept der Hausgemeinschaften von 2013 bis 2017. Die damals hamburgweit neue Wohnform war gedacht für Senior*innen mit Pflegebedarf, die ein möglichst selbstbestimmtes Leben in der eigenen Wohnung führen wollten. Der stiftungseigene Pflegedienst versorgte alle Hausgemeinschaftsbewohner*innen rund um die Uhr mit seinen Leistungen. Die neue Wohnform konnte aus ordnungsrechtlichen Gründen leider nicht dauerhaft etabliert werden. Die Wohnungen wurden schließlich dem Servicewohnen zugeordnet.

Georg-Behrmann-Stiftung

Der Arzt Dr. Herbert Henne des „Evangelischen Krankenhauses Bethesda", heute „Agaplesion Bethesda Krankenhaus Bergedorf", und der Pastor Georg Daur im Hamburger Stadtteil Bergedorf entwickelten im Sommer 1956 eine gemeinsame Vision für das unterhalb des Krankenhauses gelegene Kornfeld. Sie befanden, dass dort eine „Insel der Diakonie" zum Beispiel ein Seniorenzentrum entstehen sollte.

Drei Jahre später begegneten sich Pastor Daur und der Bergedorfer Unternehmer Dr. Kurt A. Körber und entwickelten diesen Gedanken weiter bis sie sich schließlich einig wurden, eine Art „schriftlichen Grundstein" für ein Seniorenheim zu legen. Am 23. Dezember 1959 setzten die beiden ihre Unterschrift

Das Betreuungszentrum liegt in ruhiger Lage zentral im Stadtteil Bergedorf.

An einem Sommer-Sonntag im Jahre 1956 traf der Arzt **Dr. Herbert Henne** während einer Visite im „Evangelischen Krankenhaus Bethesda" zufällig den Bergedorfer Pastor und Oberkirchenrat **Georg Daur**. Beide befanden, dass zu Füßen des Krankenhauses eigentlich so etwas wie eine „Insel der Diakonie" stehen sollte: ein Seniorenzentrum und vielleicht sogar ein Kinderkrankenhaus. Die beiden Männer sprachen eine Weile darüber, gingen dann jedoch wieder auseinander, ohne in den nächsten drei Jahren voneinander zu hören. Drei Jahre später begegneten sich der Pastor Georg Daur und der Bergedorfer Unternehmer Kurt A. Körber. Nach vielen vorbereitenden Gesprächen waren sie sich schließlich einig, eine Art „schriftlichen Grundstein" für ein späteres Seniorenheim zu legen, was dann auch in der Anwaltskanzlei des Bergedorfer Notars Dr. Edmund Johannsen von statten ging. Einen Tag vor Heiligabend, am 23. Dezember 1959, setzten Pastor Daur und Unternehmens-Chef Körber ihre Unterschrift unter die Gründungsurkunde der „Georg-Behrmann-Stiftung". Es folgte die Berufung des ersten Stiftungsvorstands. Georg Daur erinnerte sich an Dr. Herbert Henne, mit dem er schließlich drei Jahre zuvor diese Vision von der Insel der Diakonie vor Augen hatte. Ein Anruf genügte und Dr. Henne erklärte sich bereit, in der Stiftung mitzuarbeiten. Ebenso Oberin Margarethe Lohse, Carla von den Steinen und Kirchenverwaltungsrat Max Hilgert. Daur wurde zum 1. Vorsitzenden, Dr. Henne zum 2. Vorsitzenden bei der konstituierenden Sitzung gewählt.

Was die Stiftung anbietet: eine Servicewohnanlage, eine Wohneinrichtung mit Pflegeplätzen und einen ambulanten Pflegedienst.

Die Stiftung bildet auch ambulante und stationäre Pflegefachkräfte aus.

unter die Gründungsurkunde der „Georg-Behrmann-Stiftung".

Von der Gründung der Stiftung bis zum ersten Spatenstich für das Seniorenzentrum am 14. Juni 1967 dauerte es noch eine Weile. Im November 1968 nahm das Alten- und Pflegeheim der Georg-Behrmann-Stiftung an der Justus-Brinckmann-Straße dann den Betrieb auf. Ab 1971 erweiterte die Stiftung ihr Angebot um das Servicewohnen. In drei Bauabschnitten wuchs die Anlage bis 1980 auf insgesamt 161 Wohneinheiten für Senior*innen an. Im Jahr 1997 folgte dann die Gründung des ambulanten Pflegedienstes, der sowohl die Mieter*innen der Wohnanlage betreut und versorgt, als auch in und um Bergedorf im Einsatz ist.

Die Georg-Behrmann-Stiftung liegt mit ihrer parkähnlichen Außenanlage zentral im Stadtteil Bergedorf, in unmittelbarer Nähe zum Agaplesion Bethesda Krankenhaus unweit des Gojenberg in schöner und ruhiger Lage und ist gut an den öffentlichen Nahverkehr angebunden.

Heute bietet die Stiftung gemäß der Satzung „die Betreuung und Pflege alter und/oder gebrechlicher Personen" beginnend mit dem Ruhestand bis in das hohe Alter an. Es werden nach Bedarf eine Servicewohnanlage mit 161 Wohnungen, eine Wohneinrichtung mit 106 Pflegeplätzen und ein ambulanter Pflegedienst angeboten.

Ein abwechslungsreiches Veranstaltungsprogramm, unter anderem mit Ausflügen, kulturellen Angeboten und jährlichen Urlauben auf Fehmarn, sorgt für viele Begegnungen und jede Menge Abwechslung im Alltag. Ebenso geschätzt wird der abwechslungsreiche Speiseplan der hauseigenen Küche.

Die familiäre Atmosphäre und ein hoher Qualitätsanspruch – die Wohn-Pflege-Einrichtung ist zertifiziert nach dem Diakoniesiegel Pflege – kennzeichnen das Arbeiten und Leben in der Georg-Behrmann-Stiftung seit Jahrzehnten.

Eine gewachsene gute Zusammenarbeit verbinden die Georg-Behrmann-Stiftung mit der „Bergedorf-Bille Baugenossenschaft". Die Pflege- und Betreuungsangebote der Stiftung kommen so den Mitgliedern der Genossenschaft zugute. Das jüngste Kind dieser engen Kooperation sind die Beratungsangebote des ambulanten Pflegedienstes in den Quartieren der Baugenossenschaft.

Eng verbunden ist die Stiftung auch mit dem Kirchspiel Bergedorf, insbesondere der Kirchengemeinde St. Petri und Pauli durch gemeinsame Gottesdienste und Musikveranstaltungen.

„Old school" und „cool": Der hohe Qualitätsanspruch und die diakonisch geprägte Haltung von Leitung und Team sind im besten Sinne konservativ. Als Ausbildungsbetrieb und im Rahmen der kontinuierlichen Weiterentwicklung ist die Stiftung aber stets am Puls der Zeit und offen für sinnvolle Neuerungen und den Einsatz moderner Technik. Mit Stolz und großer Verbundenheit halten die meisten der rund 170 Beschäftigten der Stiftung über Jahrzehnte und über den Ruhestand hinaus dem Team die Treue – und das zum Teil schon in zweiter und dritter Generation.

Das Leben in der Georg-Behrmann-Stiftung findet in familiärer Atmosphäre statt.

Georg und Emma Poensgen-Stiftung

Die Georg und Emma Poensgen-Stiftung wurde 1982 durch die Freie und Hansestadt Hamburg aus dem hinterlassenen Vermögen des Museumsdirektors Professor Dr. Georg Poensgen und seiner Frau Emma errichtet. Beide waren besondere Persönlichkeiten und hatten schillernde Lebensläufe. Sie kamen aus groß- und bildungsbürgerlichen Familien – Georg Poensgen aus Düsseldorf, Emma Poensgen aus Hamburg.

In ihrer 40jährigen Ehe verband sie eine große Leidenschaft für Kunst und Kultur. Ihr materieller Wohl-

Wieso entschieden die Poensgens sich für ein Wohnstift in Hamburg? Beide lebten doch über 20 Jahre in Heidelberg, wo **Georg Poensgen** Museumsdirektor am Kurpfälzischen Museum war. Aber den größten Teil seines Besitzes vererbte das Ehepaar Poensgen der Freien und Hansestadt Hamburg mit der Auflage, die Georg und Emma Poensgen-Stiftung zu errichten.
Hier sollte in Emmas Elternhaus das „Altersheim für Frauen und Männer von gebildeter Herkunft, insbesondere aus geistigen und künstlerischen Berufen mit unzulänglicher Altersversorgung“ entstehen. Das Haus lag am Rondeelteich und hielt der Nutzbarkeitsprüfung als Wohneinrichtung nicht stand. Das Gebäude mit vier Wohnungen war zu klein und nicht für einen Umbau geeignet. Abriss und Neubebauung kamen ebenso wenig in Frage, da es sich um eine Doppelhaushälfte handelte und das Grundstück nur 900 Quadratmeter umfasste.
Der damalige Geschäftsführer wurde stattdessen auf ein unbebautes Grundstück neben dem Wilhelm-Leuschner-Heim der Flutopfer-Stiftung von 1962 in Hamburg-Lohbrügge aufmerksam. Er bewegte den Grundstückseigentümer, die Kirche, dazu, dieses Grundstück an die Stiftung für die Errichtung des Wohnstifts zu verkaufen.

stand erlaubte es ihnen, Kunstwerke zu sammeln und Künstler*innen materiell zu unterstützen. Ihr Vermächtnis für eine Stiftung entsprang einem bürgerlichen Wohltätigkeitsideal, das seine Tradition im 19. Jahrhundert begründete. Sie verknüpften den Stiftungszweck auf eine hamburgweit einmalige Weise mit ihrem Lebensinhalt – der Kunst und der Fürsorge für Künstler*innen.

Im Jahr 1992 zog als erste Generation von Mieter*innen eine bunte Mischung von Menschen in das Haus. Anlässlich der Eröffnung kamen einige in Zeitungsartikeln zu Wort. Die Schauspielerin, Kinderbuch- und Hörspielautorin Ingeburg Kanstein verriet: „Ich bin so froh, dass die ewige Unsicherheit des freien Künstlers endlich weg ist.“ Ingeburg Kanstein engagierte sich sehr für die Gestaltung und Pflege des Gartens der Anlage. Der Maler Joachim Hudemann-Steinhorst berichtete darüber, wie er sich als Bühnenmaler beim Theater und Fernsehen durchgeschlagen

Die Seniorenwohnanlage für Künstler*innen gestaltete der Architekt Ernst A. Bartels mit auffälligen Diagonalen und einer für ein Wohnstift der damaligen Zeit ungewöhnlichen Architektur. Der Hintergrund war, dass der Eigentümer des Grundstücks, der Verband römisch-katholischer Kirchengemeinden, hier ursprünglich eine Familien- und Bildungsstätte bauen wollte. Der Architekt hatte dieses Gebäude bereits durchgeplant. Die Kirche hat das Grundstück dann jedoch an die Poensgen-Stiftung unter der Bedingung verkauft, dass Architekt Bartels mit der Planung beauftragt wird. (Gemälde des Bewohners Karl-Heinz Kaemmerer)

hatte. Er richtete sich in seiner Wohnung ein Atelier ein und bemalte unter anderem die Säulen in der Cafeteria mit Bergedorfer Motiven. Bis heute hängt im Wohnstift ein Gemälde Hudemann-Steinhorsts, das Porträts aller Bewohner*innen der ersten Stunde zeigt.

Kurt Buschmann in Aktion: Musik ist seine große Leidenschaft und damit erfreut er auch seine Mitbewohner*innen.

Die älteste Mieterin, die 91-jährige Sopranistin Wilma Stein-Kauz, die mit einem Chamäleon und Leguanen einzog, lobte die tolle Stimmung im Haus und ein großes Zusammengehörigkeitsgefühl. Besonders engagierte sich die ehemalige Waldorflehrerin Ingrid Rothenbücher. Sie bot einen Singkreis und einen Malkurs an und führte eine Bibliothekssystematik ein. Wenn es zwischen den Mieter*innen und der Stiftung Unstimmigkeiten gab, was hin und wieder vorkam, vermittelte sie gekonnt.

Zweck der Georg und Emma Poensgen-Stiftung ist bis heute die „Errichtung und Unterhaltung von Heimen für alte Menschen, die bedürftig und minderbemittelt sind, insbesondere aus geistigen und künstlerischen Berufen". Bei der Vermietung orientiert sich die Stiftung an den Einkommensgrenzen für den Wohnberechtigungsschein.

Und da eine Wohnanlage für Künstler*innen Raum für die Kreativität benötigt, stehen ein großes Musik- und Probenzimmer, ein Hobbyraum, eine kleine Holzwerkstatt, ein Atelier, eine Cafeteria mit Klavier sowie eine Bibliothek zur Verfügung. Hier wird zugunsten des Stiftungszwecks auf Mieteinnahmen verzichtet, denn natürlich könnten die Räume auch für Wohnungen genutzt werden.

Die Georg und Emma Poensgen-Stiftung kooperiert mit vier weiteren Stiftungen: mit der Alida Schmidt-Stiftung, der Flutopfer-Stiftung von 1962, der Wilhelm Carstens Gedächtnis-Stiftung und der Hamburger Stiftung Wohnen und Teilhabe. Die fünf gemeinnützi-

Von der Straße betrachtet das Wohngebäude der Georg und Emma Poensgen-Stiftung. Dahinter erstreckt sich eine schön gestaltete Gartenanlage.

Die Bewohnerin Ellen Lotichius bereicherte die Gemeinschaft, zwanzig Jahre leitete sie ehrenamtlich den Monatskreis, ein Angebot des Seniorenbüros Hamburg e.V. im benachbarten Wilhelm Leuschner Seniorenzentrum, und führte die Erinnerungswerkstatt im „Haus am Park" durch.

gen Stiftungen werden von einem gemeinsamen Vorstand, einer Geschäftsführerin und einer Hauptverwaltung aus geleitet, sind weiterhin rechtlich und wirtschaftlich unabhängig voneinander.

Günter und Lieselotte Powalla Stiftung

Der Hamburger Unternehmer und Mäzen Günter Powalla (1919-2019) und seine Frau Lieselotte Powalla (1923-2009) haben die gemeinnützige Stiftung im Jahr 1989 gegründet. Günter Powalla, der aus einfachen Verhältnissen stammte, hatte mit Hilfe der Mitgift seiner Ehefrau sowie mit viel Mut, Glück und Geschick in der Nachkriegszeit ein Vermögen mit dem Bau von Wohnungen aufgebaut. Das sollte nun der Allgemeinheit zu Gute kommen, wobei das Bereitstellen von Wohnraum weiterhin im Fokus lag.

In der Wohnanlage der Powalla Stiftung werden mit den Senior*innen viele neue Ideen entwickelt, die das Zusammenleben in der Gemeinschaft abwechslungsreich und interessant gestalten.

Hell und lichtdurchflutet präsentiert sich das Atrium, ein beliebter Aufenthaltsraum und Treffpunkt für die Bewohner*innen.
Von hier sind die Ein- und Zweizimmer-Wohnungen leicht zugänglich.

In Hamburg-Lokstedt bietet die Powalla Stiftung älteren bedürftigen Menschen, die das 55. Lebensjahr überschritten haben, überwiegend Ein- und Zweizimmerwohnungen an. Jede Wohnung hat einen großen Balkon mit Blick ins Grüne. Das zentrale, lichtdurchflutete und überdachte Atrium ist ein beliebter Treffpunkt und auch im großen Garten gibt es viele Begegnungsorte für die Bewohner*innen. Zwei Personenaufzüge bieten barrierefreien Zugang zu allen Wohnungen.

Bunt blühende Begegnungsorte und viele Sitzgelegenheiten finden die Bewohner*innen im weitläufigen Garten. Zusätzlich hat jede der Wohnungen einen eigenen Balkon mit Blick ins Grüne.

Wichtig ist der Powalla Stiftung der langfristige Erhalt des Gebäudes, wohlwissend, dass nur Wohnungen in Bestandsbauten dauerhaft zu moderaten Preisen vermietet werden können.

1970 wurde das Haus in Lokstedt zunächst als Seniorenwohnanlage für den Verein Hamburgischer Staatsbeamter erbaut. Mit seiner Kubatur steht es bewusst im Kontrast zu den Einfamilienhäusern, Kleingärten und Schulbauten in der Umgebung.

In der Wohnanlage der Powalla Stiftung werden vielfältige Betreuungsleistungen angeboten, der Hausnotruf, eine regelmäßige Sprechstunde, verschiedene Kreativ- und Bewegungsprogramme sowie jahreszeitliche Feste ebenso Ausflüge in die Umgebung. Gemeinsam mit den Bewohner*innen werden ständig neue Ideen entwickelt, die das Zusammenleben in der Gemeinschaft bis ins hohe Alter interessant und abwechslungsreich gestalten.

Im Haus gibt es zudem zwei Gästezimmer für Besuche, eine von den Bewohner*innen betreute Biblio-

Abwechslungsreiche Kreativ- und Bewegungsprogramme sowie jahreszeitliche Feste finden zum Beispiel in dem gemütlichen Gemeinschaftsraum mit Wintergarten statt.

thek mit tagesaktuellen Medien sowie einen Fitnessraum und einen Gemeinschaftsraum mit Wintergarten.

Das Angebot richtet sich an ältere Menschen, die nicht pflegebedürftig sind. Seit Herbst 2024 gibt es für die Bewohner*innen ein Betreuungsbüro vor Ort in Kooperation mit der Heinrich und Caroline Köster Testament-Stiftung.

Hamburger Stiftung Wohnen und Teilhabe

Der Ursprung der „Hamburger Stiftung Wohnen und Teilhabe“ ist die 1938 von der Sozialverwaltung der Hansestadt Hamburg errichtete „Stiftung Hängebargshorst“. Sie erbaute und betrieb ein Erholungsheim für Kriegs- und Arbeitsopfer in Bad Malente/Schleswig-Holstein, bis dieses aufgrund eines Brandes 1941 geschlossen wurde. Im Jahr 1951 übernahm die Stiftung die Aufgabe, in Hamburg ein Wohnheim für alleinstehende Schwerbeschädigte zu schaffen. Dieses Wohnhaus in Hamburg-Harburg im Wroostweg 27 besteht bis heute und wurde später um weitere Gebäude erweitert. Im Jahr 1956 wurde das Stiftungsvermögen auf die damalige „Sonderstiftung für Schwerbeschädigte“ übertragen. Der Name änderte sich mehrfach. Seit 1. Januar 2023 trägt die Stiftung den Namen „Hamburger Stiftung Wohnen und Teilhabe“. Sie bietet heute in drei Häusern insgesamt 70 Wohnungen für Menschen mit einer Behinderung an.

Das erste Hamburger Gebäude der Stiftung wurde im Wroostweg gebaut.

Das ist das Haus Am Frankenberg mit Wohnungen für Menschen, die auf den Rollstuhl angewiesen sind.

Stiftungszweck ist die Unterstützung hilfsbedürftiger Personen und die Förderung der Hilfe für Menschen mit Behinderung. Die Stiftung fördert die Rehabilitation sowie die berufliche und soziale Integration von schwerbehinderten Menschen. Alle Wohnungen werden an den Personenkreis der Menschen mit Behinderungen nach § 2 SGB IX vermietet.

Das Haus Am Frankenberg 30 bietet 22 rollstuhlgerechte Wohnungen mit eineinhalb und zwei Zimmern. Diese werden ausschließlich an Menschen vermietet, die auf den Rollstuhl angewiesen sind. Seit der

Frau Nizamoglu arbeitet seit 30 Jahren im Hauswirtschaftsteam der Stiftung. Schon als Kind war sie in der Stiftung unterwegs, denn ihre Mutter arbeitete hier. In den Sommerferien nahm sie ihre beiden Kinder manchmal mit zur Arbeit, die tobten dann mit den Kindern des Hausmeisterpaars durch den Garten. „Damals lebte hier eine ganz andere Zielgruppe. Es war ein reines Männerwohnheim, alle kriegsversehrt, meist im Rollstuhl, meist mit Amputationen. Die Männer lebten zu zweit in einer Wohnung und wurden mittags gegen einen kleinen Beitrag vom Hausmeisterehepaar bekocht. Weihnachten wurde zusammen gefeiert, es gab Feste und alles hatte einen familiären Charakter", berichtet Nizamoglu. Die Zielgruppe änderte sich mit der Zeit, heute leben hier auch viele Frauen, viele jüngere Menschen, alle aber mit einer körperlichen oder seelischen Behinderung.

Einweihung des Gebäudes im Jahr 1991 gibt es hier eine sehr tragfähige Kooperation mit dem Träger „Sozialkontor", der in diesem Haus in einer Hausgemeinschaft für bis zu zwölf Personen Wohnen mit Assistenz und Pflege anbietet. Viele Mieter*innen mit Behinderung leben – mit Unterstützung – in ihrer eigenen Wohnung und genießen es sehr. „Sozialkontor" unterstützt zudem die Mieter*innnen mit Behinderungen, die in anderen Appartements im Haus alleine wohnen.

Die Hamburger Stiftung Wohnen und Teilhabe ist auch Gesellschafterin der Elbe-Werkstätten GmbH,

Viele Mieter*innen mit Behinderung leben – mit Unterstützung – in ihrer eigenen Wohnung und genießen es sehr.

bei der fast 3.000 Menschen mit Behinderung einen Ausbildungs- oder Arbeitsplatz finden. Die Elbe-Werkstätten bieten in allen Hamburger Bezirken vielseitige berufliche Angebote. Diese finden nicht nur innerhalb der Werkstatt statt, sondern auch in Betrieben des allgemeinen Arbeitsmarktes.

Die Hamburger Stiftung Wohnen und Teilhabe kooperiert mit vier weiteren Stiftungen: mit der Alida Schmidt-Stiftung, der Flutopfer-Stiftung von 1962, der Georg und Emma Poensgen-Stiftung und der Wilhelm Carstens Gedächtnis-Stiftung. Die fünf gemeinnützigen Stiftungen werden von einem gemeinsamen Vorstand, einer Geschäftsführerin und einer Hauptverwaltung aus geleitet, sind weiterhin rechtlich und wirtschaftlich unabhängig voneinander.

Hartwig-Hesse-Stiftung

Als Hartwig Hesses Witwen-Stift wurde die Stiftung 1826 von dem Hamburger Kaufmann Hartwig Hesse gegründet. Hier konnten Witwen aus dem sogenannten Maklerstande oder ähnlichen Berufen, möglichst mit einer unverheirateten Tochter, unentgeltlich wohnen. Versorgung, Betreuung und Pflege im Alter sollten so gewährleistet bleiben. Die Kosten wurden mit Einnahmen aus Mietwohnungen auf gleichem Gelände

Die historische Zeichnung zeigt die Ansicht des ersten Witwenstifts, das vom Kapital des Kaufmanns Hartwig Hesse auf staatlichem Grundbesitz nahe dem Lübecker Tor in St. Georg errichtet wurde.

gedeckt. Die Verwaltung erfolgte damals durch den Gründer selbst und durch ein Kuratorium, welches aus fünf Mitgliedern bestand.

Heute undenkbar: Das Grundstück in St. Georg wurde der Stiftung von der Stadt Hamburg geschenkt. 1824 reichte Hartwig Hesse dem Senat ein Gesuch ein, mit der Bitte um einen Platz im Vorort St. Georg, um dort eine Stiftung mit Freiwohnungen zu bauen, dem stattgegeben wurde.

Die Ziele der Hartwig-Hesse-Stiftung, die ihren heutigen Namen 1976 erhielt, haben sich nie geändert. Wie in der Satzung festgeschrieben, dient die Stiftung ausschließlich und unmittelbar, gemeinnützigen und mildtätigen Zwecken, durch Förderung der Altenfürsorge und Unterstützung bedürftiger Personen. Sofern es

möglich ist, sind bedürftige Witwen vorrangig in die Einrichtungen der Stiftung aufzunehmen. Das Bekenntnis zu einer bestimmten Religion spielt nach wie vor keine Rolle. Die Hartwig-Hesse-Stiftung hat heute ihre Hauptverwaltung in St. Georg und unterhält auf drei eigenen Grundstücken verschiedene Gebäude, zudem weitere Dienstleistungen, wie eine Tagespflege im Parkquartier Hohenfelde.

Das denkmalgeschützte Gebäude des Heine'schen Wohnstifts liegt gegenüber dem Museum für Hamburgische Geschichte und der wunderschönen Parkanlage „Planten un Blomen".

Das denkmalgeschützte „Heine'sches Wohnstift" befindet sich direkt gegenüber dem Museum für Hamburgische Geschichte und der wunderschönen Parkanlage „Planten und Blomen" im Zentrum Hamburgs. Darin befinden sich 48 kleine Wohnungen, deren Miete sich in den überwiegenden Fällen am Niveau von Sozialwohnungen orientiert. Die ehemals eigenständige Stiftung ist im Jahr 2006 in die Hartwig-Hesse-Stiftung integriert worden. Eine Besonderheit der Anlage ist ihre bunt gemischte Altersstruktur, da nicht alle Wohnungen mit dem Fahrstuhl erreichbar sind. Eine

Hartwig Hesse war der Sohn von Isaac Hesse und Esther Delbanco. Sein aus Osterode stammender Vater war Kattunmakler und Geldwechsler und gründete das Bankhaus Hesse Newman & Co. Beide Eltern waren der Ansicht, dass Wohlstand verpflichtet. Sein Vater stiftete 7.200 Mark Banco, deren Zinserträge Witwen der Deutsch-Israelitischen Gemeinde zukommen sollten. Seine Mutter spendete nach dem Tod Issac Hesses den gleichen Betrag.
Hartwig arbeitete zunächst gemeinsam mit seinem älteren Bruder Levin im väterlichen Geschäft. Nachdem dieser am 13. April 1807 gestorben war, nahm ihn die hamburgische Maklerdeputation zwei Tage später in die Liste der hochdeutschen Judenmakler auf. Nach Rückgabe des Maklerstabs im September 1814 nannte sich Hesse fortan Kaufmann. Er ließ sich 1823 taufen und wurde im Folgejahr ein Hamburger Bürger.
Dem Vorbild der Eltern folgend stiftete Hartwig Hesse Teile seines Vermögens. Er förderte Johann Hinrich Wichern und das Rauhe Haus, kümmerte sich insbesondere um Witwen mit Kindern. Damit diese unentgeltlich und ohne Ansehen der Religion wohnen konnten, stiftete er 1824 das Kapital. Aus diesem entstand auf staatlichem Grundbesitz ein Witwenstift nahe des Lübecker Tors in St. Georg, das 1833 um ein Gebäude an der Stiftstraße erweitert wurde. Der Kaufmann bedachte in seinem Testament mehrere städtische und kirchliche Wohltätigkeitseinrichtungen. Der Patriotischen Gesellschaft von 1765 vermachte er 27 zeitgenössische Gemälde, von denen sich heute 16 im Besitz der Hamburger Kunsthalle befinden. Hesse lebte erst in der Admiralitätstraße, dann am Jungfernstieg, bevor er das Haus Nr. 37 an der Esplanade kaufte.

Durch den Neubau im Stiftsviertel St. Georg hat die Hartwig-Hesse-Stiftung attraktive Wohnungen, persönliche Betreuungs- und Pflegeangebote für ältere Menschen bereitgestellt.

Hausleitung wohnt mit im Gebäude und ist für die Belange der Bewohner*innen ansprechbar.

Mitten in St. Georg befindet sich das Hartwig-Hesse-Quartier. Bei dieser Anlage handelt es sich um das dritte Wohnstift, welches auf gleichem Grundstück errichtet wurde. Nachdem im Zweiten Weltkrieg das ursprüngliche Hartwig Hesses Witwen-Stift zerstört wurde, gab es einen Neuaufbau. Aufgrund energetischer und baulicher Mängel hat sich die Stiftung dann für einen weiteren Neubau entschieden, der im Jahr 2018 eingeweiht wurde. Die integrative Wohnanlage ist eine Senioren-Service-Wohnanlage mit ergänzenden Bausteinen, wie einer Kindertagesstätte, einer Wohn-Pflege-Gemeinschaft für Menschen mit De-

Im neu gebauten Hartwig-Hesse-Quartier in St. Georg finden sich erstmals neue Bestandteile in der Stiftung, wie Räumlichkeiten für eine Kindertagesstätte sowie für eine Baugemeinschaft.

menz, einer Familienbaugemeinschaft und eines Cafés. Der ebenfalls ansässige Ambulante Dienst kooperiert auch mit den benachbarten Stiftungen und Institutionen im Sinne eines umfangreichen Versorgungsnetzwerks im Quartier.

Das Hartwig-Hesse-Haus am Klövensteen, im Hamburger Westen gelegen, ist eine vollstationäre Wohn-Pflege-Einrichtung und besteht aus Gebäuden der 1960er und 1970er Jahre. Die Anlage mit 135 Zimmern, einst als niveauvolle Seniorenresidenz gegründet, erfährt seit 2024 eine Modernisierung und Erweiterung: Der stationäre Bereich wird zugunsten der Schaffung von Service-Wohnen zurückgebaut.

Die Hartwig-Hesse-Stiftung hat eine lange Kooperationshistorie. Sie arbeitet in einem Verbund mit der Heerlein- und Zindler-Stiftung, der Keitel-Stiftung und

Das Service-Wohnen ist für die Hartwig-Hesse-Stiftung ein Schwerpunkt in der Weiterentwicklung, wie hier im Hartwig-Hesse-Haus am Klövensteen in Rissen.

dem St. Gertrud-Stift zusammen. Instandhaltungen aller Häuser im Stiftungsverbund wurden in der Vergangenheit immer wieder mit Hilfe von anderen Stiftungen, wie der G. u. L. Powalla Bunny's Stiftung, der Homann-Stiftung oder der Hinrich Rave-Stiftung umgesetzt.

„Die Hartwig-Hesse-Stiftung beteiligt sich am Hamburger Bündnis für Wohnstifte, um aktiv die Vernetzung mit anderen Wohnstiften voranzutreiben. Wir verstehen uns und das Bündnis als Partner einer sozialen und gerechten Stadt und nutzen die Vernetzung entsprechend zur Erreichung unseres Stiftungszwecks."
Maik Greb, Geschäftsführer der Hartwig-Hesse-Stiftung

Heerlein- und Zindler-Stiftung

In St. Georg in einem ruhigen Innenhof, in unmittelbarer Nähe zur Außenalster, befindet sich die Heerlein- und Zindler-Stiftung, eine großzügige Anlage mit verschiedenen Wohnformen für ältere Menschen.

Die Geschichte der Heerlein- und Zindler-Stiftung beginnt mit der Gründung des August Heerlein-Stifts im Jahr 1894. Seit 1979 das Vermögen der Zindler-Stiftung auf das August Heerlein-Stift übertragen wurde, wirken die beiden Stiftungen zusammen als Heerlein- und Zindler-Stiftung. Nach einer Modernisierung im Jahr 2020 entstand auf dem Gelände eine moderne Wohnanlage für unterschiedlichste Nutzer*innen.

In den historischen unter Denkmalschutz stehenden Gebäuden des August Heerlein-Stifts befinden sich heute Service-Wohnungen für Senior*innen, alle barrierefrei ausgestattet oder deren Modernisierung dazu geplant ist. Zudem gibt es in diesen Gebäuden drei Wohngemeinschaften für Menschen ab 60 Jahren und drei Wohn-Pflege-Gemeinschaften für diejenigen, die an Demenz erkrankt sind, körperliche Einschränkungen oder Hirnschädigungen erworben haben. Ergänzend gibt es vor Ort drei Wohn-Gemeinschaften (WGs) für Senior*innen.

Durch die angebotenen unterschiedlichen Wohnformen besteht beispielsweise die Möglichkeit, dass ein Ehepartner eine barrierefreie Wohnung bezieht und der andere Ehepartner in der Wohn-Pflege-Gemeinschaft wohnt und vollumfänglich betreut wird. Beiden wird dadurch ein selbstbestimmtes Leben ermöglicht. Ergänzend hält das Zindler-Haus vollstationäre Pflegeplätze und einen Mittagstisch, auf Wunsch auch zum Abholen und Mitnehmen, be-

Die Stiftsgebäude wurden durch den Zweiten Weltkrieg stark zerstört. Man entschied sich, die Ruine des Haupthauses samt Gelände, welches in der ersten Reihe an der Alster gelegen war, zu verkaufen, um den Wiederaufbau zu finanzieren. Erst kaufte der Lebensmittelkonzern Edeka das Grundstück für seine Zentrale, danach ging es an die Volksfürsorge AG und heute befindet sich das 5-Sterne-Designhotel „Le Méridien“ darauf.

Mitten in der Stadt und dennoch idyllisch zu wohnen, das ist in der Heerlein- und Zindler-Stiftung sehr gut möglich.

Früher waren einzelne Gebäudeteile durch einen Gang verbunden, dieser führte durch diese hübsch gestaltete Rotunde – heute befindet sich darin der viel genutzte Gemeinschaftsraum für die Anlage: Hier wird zusammen gekocht, gelesen, gefeiert und gesungen!

reit und ebenso vor Ort ist der ambulante Pflegedienst der Stiftung tätig und ansässig.

Abwechslungsreiche Freizeitangebote und Veranstaltungen, bei denen auch die Nachbar*innen aus dem Stadtteil herzlich willkommen sind, ebenso umfangreiche soziale Betreuung sowie Unterstützung im hauswirtschaftlichen Bereich werden in der Heerlein- und Zindler-Stiftung angeboten. Die mittige großzügig gestaltete Hof- und Gartenfläche mit altem Baumbe-

Am 21. September 1893 wurde der Grundstein für das Koppelhaus gelegt und somit die Gründung des August Heerlein-Stifts durch **Anna Elisabeth Heerlein** und ihre Mutter **Maria Elisabeth Heerlein** zum Andenken an den 1878 verstorbenen Vater und Ehemann August Heerlein vollzogen.
Das August Heerlein-Stift wurde 1894 mit dem Ziel ins Leben gerufen, Witwen und Jungfrauen aus gebildeten Kreisen, die keine öffentliche Unterstützung genossen haben, aber Mittel zur Bestreitung des Lebensunterhaltes besaßen, Freiwohnen zu gewähren. Anna Elisabeth Heerlein, durch Krankheit früh körperlich eingeschränkt, hatte zudem zwei weitere Stiftungen zur Unterstützung insbesondere kranker Menschen gegründet: die August Heerlein Wohltätige Stiftung und die August Heerlein Familien-Stiftung. Mit allen Stiftungen wollte sie ihren Eltern ein Denkmal setzen. Von ihr selbst gibt es kein Bild, aber die Bronzebüste ihres Vaters hat heute einen schönen Platz im Stiftungsgarten gefunden.

Die Charlotte und Werner Zindler-Stiftung wurde am 30. Juni 1972 zur Errichtung und zum Betrieb eines Altenheims in Hamburg gegründet. Da die Mittel für diesen Zweck nicht ausreichten, gab es schon bald Überlegungen, mit dem August Heerlein-Stift zusammenzuwirken und auf dessen Gelände mit dem Geld der Zindler-Stiftung ein Altenheim zu errichten. 1979 wurde das Vermögen auf das August Heerlein-Stift übertragen, die Satzung und der Name in Heerlein- und Zindler-Stiftung geändert. Der jetzige Zweck ist die Errichtung und Unterhaltung von Wohnungen für unbemittelte und bedürftige Personen, die das 55. Lebensjahr überschritten haben und nach Möglichkeit evangelischen Glaubens sind. In diesem Rahmen kann die Stiftung Altenwohnungen, Altenwohnheime, Altenheime und Pflegeheime unterhalten sowie weitere gemeinnützige Zwecke verfolgen.

stand verbindet alle Gebäudeteile der Stiftung und steht eigenständig unter Denkmalschutz. Sie lädt alle Bewohner*innen zum Spazieren, Entspannen und Klönen ein. Direkt vor dem Grundstück verläuft die „Lange Reihe", eine belebte Straße mit vielen Geschäften, Restaurants verschiedener Nationalitäten, Cafés und Kneipen – und hier steht noch das Geburtshaus von Hans Albers. Kulturinteressierte finden das Schauspielhaus und das Ohnsorg-Theater, das jetzt seinen Sitz im Biberhaus hat, sowie das Museum für

Kunst und Gewerbe nahezu vor der Tür. Im Mittelpunkt der weiteren zukünftigen Einwicklung der Heerlein- und Zindler-Stiftung steht das Thema Service-Wohnen für Senior*innen. Seit 2024 laufen die Planungen zur barrierefreien Modernisierung eines Gebäudeteils. Zudem soll in den folgenden Jahren das Zindler-Haus umgestaltet werden.

Die Heerlein- und Zindler-Stiftung hat eine lange Kooperationshistorie. Sie arbeitet in einem Verbund mit der Hartwig-Hesse-Stiftung, der Keitel-Stiftung und dem St. Gertrud-Stift zusammen. Instandhaltungen aller Häuser im Stiftungsverbund wurden in der Vergangenheit immer wieder mit Hilfe von anderen Stiftungen, wie der G. u. L. Powalla Bunny's Stiftung, der Homann-Stiftung oder der Hinrich Rave-Stiftung umgesetzt.

Im urbanen St. Georg finden Senior*innen ein liebevolles und bereicherndes Umfeld, bei Bedarf mit professioneller Pflege und Betreuung.

Heinrich und Caroline Köster Testament-Stiftung

Die Heinrich und Caroline Köster Testament-Stiftung wurde 1885 gegründet. Heinrich Köster war ein erfolgreicher Reeder. Er hatte bereits zu seinen Lebzeiten in den 1870er Jahren kleine Häuschen mit 2- und 3-Zimmer-Wohnungen an der damaligen Kirchentwiete (heute Kellinghusenstraße) in Eppendorf zu geringen Mieten an bedürftige Hamburger*innen vergeben. Diese Unterstützung betrachtete er als „Hilfe zur Selbsthilfe" und freute sich über den Erfolg seines Handelns. Die 16 kleinen Häuschen in der Nähe der bis heute erhalten gebliebenen Johanniskirche sollten Modell sein für seine Stiftung.

Die ab 1901 entstandene Reihenhaus-Siedlung in der Eppendorfer „Köster Straße" verdeutlicht den Ursprungsgedanken der Stifter, neben einer günstigen Miete auch Grünland zur Bewirtschaftung zu überlassen. Mit dem Bau des ersten Senioren-Wohnstifts „Haus Köster" (jetziges Haus Köster 1) wurde auf dem an der Habicht- und Meisenstraße gelegenen Grundstück ein fünfgeschossiges Gebäude errichtet, das sich an die Umgebungsarchitektur anlehnte, die vom damaligen Hamburger Oberbaudirektor Fritz Schumacher geprägt war. Das Gebäude, eine Hamburger Besonderheit, wurde in den 1920er Jahren nach den Plänen des Architekten Paul August Reimund Frank als Laubenganghaus erbaut, was besonders für das Zusammenleben von älteren Menschen große Vorteile versprach. Es wurde bis 1932 durch einen zweiten Abschnitt, den Habichtstraßen-Flügel, ergänzt. Stark zerstört im Zweiten Weltkrieg, doch wiederaufgebaut und dabei beispielhaft war der Zusammenhalt zwischen den Bewohner*innen, die sich als eine große

In den 20er Jahren des vergangenen Jahrhunderts baute die Heinrich und Caroline Köster-Stiftung erstmals preisgünstige Wohnungen für ältere bedürftige Personen. Das L-förmige Laubenganghaus steht unter Denkmalschutz und gilt als eine Hamburger Besonderheit.

Gemeinschaft fühlten und sich in so mancher Notsituation untereinander zu helfen wussten. In den 1970er Jahren begannen die Planungen für eine weitere Senioren-Wohnanlage auf dem Grundstück in Barmbek. Das „Haus 2" wurde 1980 in Betrieb genommen und 1995 um einen Anbau erweitert.

Die Heinrich und Caroline Köster Testament-Stiftung bietet „Service-Wohnen für Senior*innen" an. Das beinhaltet preiswertes Wohnen und ein umfangreiches Pflege-, Betreuungs- und Veranstaltungsangebot sowohl für die Bewohner*innen als auch für die Nachbarschaft. Sie nutzen das öffentliche Köster-Ca-

Heinrich Köster und Caroline Köster

Heinrich Köster (1803–1884) wurde als Sohn des Hamburger Großkaufmanns Johann Heinrich Köster und dessen Frau Henriette, geborene Milow, in Hamburg geboren. Er entstammt einem alten Hamburger Geschlecht, das mit den angesehensten Familien verschwägert war. Seine Mutter verlor Heinrich Köster schon als fünfjähriges Kind.

Nach dem frühen Tod auch seines Vaters ging Heinrich Köster zur kaufmännischen Ausbildung nach London und danach für 30 Jahre nach Nord- und Südamerika, von wo er 1851 nach Hamburg zurückkehrte. Hier machte er sich als Kaufmann und Reeder selbständig.

Christliche Nächstenliebe, Mitgefühl für die Nöte anderer Menschen und Tatkraft waren Eigenschaften, die ihn auszeichneten. Durch seine Auslandsgeschäfte, insbesondere mit der Insel St. Thomas, von der auch seine Frau Caroline (1824–1894) stammte, hatte Heinrich Köster ein ansehnliches Vermögen erworben. Durch sein Testament vom 14. Mai 1879 vermachte er aus seinem Vermögen 1 Million Goldmark für eine wohltätige Stiftung, die den Namen „Heinrich und Caroline Köster Testament-Stiftung" tragen, Wohnungen für bedürftige Kinderreiche und alte Menschen bauen und ihnen zu möglichst niedriger Miete überlassen sollte. Seine Frau Caroline übernahm die Wünsche und Anordnungen ihres Mannes auch in das eigene Testament, das sie am 22. Mai 1885 errichtete und damit die Stiftung rechtswirksam ins Leben rief.

Beliebter Treffpunkt: Im großen grünen Innenhof befindet sich das öffentliche Köster-Café, das auch einen Mittagstisch anbietet.

Das umfangreiche Beratungs- und Veranstaltungsangebot können auch die Senior*innen aus der Nachbarschaft nutzen.

fé, den Mittagstisch, den Friseur, die Fußpflege, die Physiotherapie sowie den kleinen Supermarkt. In der Wohnanlage befinden sich neben einem ambulanten Pflegedienst, auch eine Tagespflege und eine Wohn-Pflege-Gemeinschaft für ältere Menschen mit Demenz.

Die Wohnanlage liegt verkehrsgünstig im Stadtteil Barmbek-Nord und hat einen großen grünen Innenhof, der eine Oase in der Großstadt ist. Das unter Denkmalschutz stehende „Haus 1“ ist in den Jahren 2004 bis 2008 umfassend modernisiert und barrierefrei umgestaltet worden. Im „Haus 2“ steht eine Modernisierung noch an.

Die Öffnung zum Stadtteil und weitere Dienstleistungen in und für die Nachbarschaft sind elementare Bestandteile der Stiftungsarbeit. Seit 2023 ist die Stiftung auch im nahen Grenzbachviertel aktiv, jüngstes Projekt ist ein Service-Wohnen in altersgemischter Nachbarschaft. Ab Herbst 2024 übernimmt die Stiftung die Aufgabe, in der Wohnanlage Hagendeel, Hamburg-Lokstedt, das Service-Angebot auszubauen. Die Wohnanlage gehört der Günter und Lieselotte Powalla Stiftung.

Heinrich Schmilinsky Stiftung

Die Heinrich Schmilinsky Stiftung wurde 1891 von dem Hamburger Kaufmann Carl Heinrich Schmilinsky und seiner Frau Amalie Caecilie zur Unterstützung unversorgter Frauen und zur Befreiung aus sozialer Not gegründet. Seit ihrer Gründung verfolgt die Stiftung gemeinnützige Zwecke. Mittelpunkt der heutigen Tätigkeit ist die Bereitstellung von bezahlbarem Wohnraum für ältere Menschen mit kleineren Einkommen, um deren Selbstständigkeit bis ins hohe Alter zu ermöglichen.

Nach dem Zweiten Weltkrieg ist das Stift nach Blankenese gezogen, es bot 30 kleine Wohnungen im Jahre 1954 an, diese waren jeweils 20 Quadratmeter groß, mit einer Kochnische und fließend kaltem Was-

Das kinderlose Ehepaar **Schmilinsky** wollte „unversorgte Töchter besserer Stände sowie alte Lehrerinnen oder Gouvernanten vor sozialer Not schützen."
Carl Heinrich Schmilinsky vermachte 1889 in einem gemeinschaftlich mit seiner Ehefrau Amalie Caecilie errichteten Testament sein beträchtliches, in Mexiko erworbenes Vermögen der Stadt Hamburg zur Gründung einer mildtätigen Stiftung.
Durch diese wollte er einem großen sozialen Unglück in seiner Vaterstadt, dem Los unversorgter Frauen, abhelfen.
Dem Wunsch des Stifters entsprechend veranlassten Senat und Stiftungsvorstand nach dem Tod von Carl Heinrich Schmilinsky im Jahr 1891 die Errichtung eines „Asyls für junge, konfirmierte Mädchen gebildeter Stände, von Geburt Hamburgerinnen". Weiterhin sollten dort auch unversorgte ältere Frauen in einer Freiwohnung Aufnahme finden.
Die Auswahl des Grundstücks und die Bauaufgabe wurden dem Architekten Emil Meerwein, einem der Rathausbaumeister und Erbauer der Laeiszhalle übertragen. Bereits im Herbst 1895 konnten in dem repräsentativen Stiftsgebäude in der heutigen Schmilinskystraße an der Außenalster die ersten jungen Mädchen aufgenommen und die ersten Freiwohnungen von älteren Damen bezogen werden.

Der Neubau mit den öffentlich geförderten Wohnungen, die alle einen Balkon oder eine Terrasse haben.

ser ausgestattet. Das Bad und WC waren auf den Fluren und wurden gemeinschaftlich genutzt.

Für den steigenden Bedarf an Stiftswohnungen wurden im Laufe der Jahre angrenzende Grundstücke erworben. Zwischen 1954 und dem Jahr 2000 wurden auf dem Stiftsgelände fünf Häuser mit insgesamt 70 Wohnungen gebaut.

Die Modernisierungs- und Erweiterungsbauten waren nur durch großzügige Unterstützungen der Behörden und anderer Stiftungen möglich.

Die Anforderungen des Hamburgischen Wohn- und Betreuungsqualitätsgesetzes stellten die Stiftung seit 2010 vor die Herausforderung, die Stiftsanlage komplett barrierefrei zu gestalten. Der Altbaubestand ließ keinen barrierefreien Umbau zu. In Kooperation mit der Erna Baur-Stiftung entschied der Vorstand, im Rahmen von „Erneuern durch Ersetzen" einen kompletten Neubau mit modernen und zeitgemäßen Wohnungen zu realisieren. Das erste 2022 fertiggestellte

Reichhaltiges Kulturprogramm findet im großzügig gestalteten Gemeinschaftsraum der Heinrich Schmilinsky Stiftung statt.

Unten: Das Stifterpaar Carl Heinrich Schmilinsky und Ehefrau Amalie Caecilie wird in Ehren gehalten.

Haus bietet 52 öffentlich geförderte Wohnungen mit Terrasse oder Balkon sowie einen großen unterteilbaren Gemeinschaftsraum, eine Bibliothek und Räume für die Verwaltung. Im zweiten 2024 eröffneten Haus stehen 36 öffentlich geförderte und 51 frei finanzierte Wohnungen der Erna Baur-Stiftung zur Verfügung.

Die neuen Gebäude der Schmilinsky Stiftung und der Erna Baur-Stiftung fügen sich sehr gut in die Blankeneser Wohnstraßen ein. Die Elbe, der Hirschpark und das Zentrum von Blankenese sowie Bus und S-Bahn sind in zehn Minuten fußläufig zu erreichen.

Das Schmilinsky Stift ist eine Service Wohnanlage für Senior*innen ab 60 Jahren. Neben der Schaffung von bezahlbarem Wohnraum gibt es ein breit gefächertes kulturelles, weiterbildendes und bewegungstherapeutisches Programm, was die körperliche und geistige Flexibilität bis ins hohe Alter fördern soll. Die Angebote schaffen Anregung, Kommunikation und Lebensqualität in der Gemeinschaft. Gerne können auch

Senior*innen aus Blankenese und Umgebung teilnehmen. Übrigens entstehen viele Kurse auf Anregung der Bewohner*innen, die sich dann auch an der Gestaltung des Kultur- und Freizeitprogramms beteiligen.

Servicewohnen für ältere Menschen mit kleineren Einkommen bietet diese Anlage in Blankenese.

Hildegard und Horst Röder-Stiftung

Seit mehr als 30 Jahren gibt es die Hildegard und Horst Röder-Stiftung, die sich für hilfsbedürftige Menschen in der Metropolregion Hamburg engagiert. Seit der Gründung im Jahre 1992 unterstützt die Stiftung direkt und zielgenau gemeinnützige Projekte und Einzelpersonen, die unverschuldet in Not geraten sind und keine staatliche oder familiäre Unterstützung erhalten.

Die 1904 erbaute Jugendstilvilla im Weg beim Jäger dient seit Jahrzehnten als Stiftungssitz. Auf dem Nachbargrundstück entsteht in wunderbarer Umgebung ein barrierefreies Gebäude für eine Wohn-Pflege-Gemeinschaft für Menschen mit erworbenen Hirnschäden.

Die Geschichte der Hildegard und Horst Röder-Stiftung beginnt, wie bei so vielen der Hamburger Stiftungen, mit einer erfolgreichen Kaufmannsgeschichte. Horst Röder war visionär und weltoffen. Und er vereinte ein gutes Gespür für die Zeichen seiner Zeit mit brillantem Verhandlungsgeschick. Aus dem Wenigen, was ein einfacher Händler in den Nachkriegsjahren sein Eigen nennen konnte, schuf er ein florierendes, internationales Import-Export-Unternehmen.

Der hochmotivierte Selfmademan startete sein Geschäftsmodell einer „Kauf- und Tauschbörse" mit Telefon und Zettelkasten aus seinem Büro in Eppendorf. Es waren überwiegend Dinge des täglichen Bedarfs, die den Haushalten in den Jahren des Wiederaufbaus Wohlstand und Modernität bescherten: Autoteile und Zubehör, Zweiradartikel sowie Camping- und Elektroartikel, wie Transistorradios. Zunächst im europäischen Raum unterwegs, folgte im Zuge der Globalisierung der Ausbau von Geschäftspartnerschaften in Asien. Als gelernte Fremdsprachenkorrespondentin war Hildegard Röder ihrem Mann auch in geschäftlichen Angelegenheiten eine große Stütze.

Aktuell zentrales Stiftungsthema ist der Neubau. Zur Röder-Stiftung gehören in Groß Borstel zwei be-

Hildegard und Horst Röder waren sich ihrer Verantwortung und des Potenzials ihres Vermögens sehr bewusst. Es war ihnen ein Herzensanliegen, mit einem sinnstiftenden Engagement positiven gesellschaftlichen Einfluss zu nehmen. Horst Röder wusste, dass neben Disziplin und Durchhaltevermögen auch Glück und Gesundheit wesentliche Faktoren auf dem Weg zum Erfolg sind. Und, dass nicht in jedem Menschenleben letztere gegeben sind. Diesen Menschen wollten die Röders eine Chance bieten – eine Chance auf ein selbständiges und würdevolles Leben.

nachbarte Grundstücke. Die 1904 erbaute Jugendstilvilla im Weg beim Jäger, Nummer 149 dient seit Jahrzehnten als Stiftungssitz. Auf dem Grundstück Nummer 147 entsteht demnächst in wunderbarer Umgebung ein barrierefreies Gebäude für eine Wohn-Pflege-Gemeinschaft für Menschen mit erworbenen Hirnschäden. In dem neuen Haus, das sich architektonisch gut in die Nachbarschaft integriert, sind zehn Zimmer mit eigenem Bad, auf drei Etagen verteilt, geplant. Der große Garten mit all seinen Möglichkeiten und das angrenzende Waldgebiet „Borsteler Jäger" werden sicherlich Teil des therapeutischen Angebots für die zukünftigen Bewohner*innen sein.

Zudem hat sich die Röder-Stiftung mit weiteren Stiftungen aus dem Bündnis für Wohnstifte auf den Weg gemacht, ein neues Stiftungsquartier für Hamburg zu realisieren. Geplant sind Wohnungen für die jeweiligen Zielgruppen und diese im Rahmen der gemeinnützigen Stiftungszwecke zu realisieren. Der Fokus der Röder-Stiftung liegt dabei auf dem Wohnen mit Service für Senior*innen. Doch auch Alleinstehende mit Kindern und Familien werden bei der Röder-Stiftung ein neues, bezahlbares Zuhause finden.

Mit Blick auf das immer stärker werdende Thema Einsamkeit ist es der Stiftung sehr wichtig, in ihren Häusern Gemeinschaftsräume anzubieten, damit Nachbarschaft wirklich gelebt werden kann. Die Vernetzung der Bewohner*innen im Quartier wird die Stiftung auch personell unterstützen, sodass zumindest im neuen Hamburger Stiftungsquartier Einsamkeit kein Thema mehr sein wird.

Visualisierung vom neuen Haus in Groß Borstel, das für die Wohn-Pflege-Gemeinschaft zehn Zimmer mit eigenem Bad, auf drei Etagen verteilt, und einen großen Garten vorsieht.

Hospital zum Heiligen Geist

Das Hospital zum Heiligen Geist ist mit einer Historie von fast 800 Jahren die älteste Stiftung Hamburgs. Nach der Zerstörung der Gebäude des Hospitals zum Heiligen Geist, des Marien-Magdalenen Klosters und des Oberaltenstifts im Zweiten Weltkrieg, kam es im Jahre 1950 zum Wiederaufbau und zur Zusammenlegung der Häuser am heutigen Standort in Poppenbüttel. Auf dem acht Hektar großen Gelände im Alstertal wohnen rund 1.200 Senior*innen in unterschiedlichen Wohn- und Lebensformen: mit Service in der eigenen Wohnung, in Kurzzeitpflege oder Rundum-Pflege und in den 2024 neu eröffneten Pflegewohngemeinschaften.

Für die Menschen in der näheren Umgebung, die auch im Alter in der eigenen Wohnung bleiben möchten, bietet das Hospital vielfältige Unterstützung an. Dazu gehören der ambulante Pflegedienst, der Anschluss an das Hausnotrufsystem und der Menüservice des Hospitals. Die Tagespflege bietet von Montag bis Freitag Pflege und Betreuung in der Gemeinschaft an.

Im Rahmen der aktuellen Geländeentwicklung öffnet sich das Hospital zum Heiligen Geist weiter für den Stadtteil, neue Angebote und Projekte fördern und verstärken den Austausch zwischen den Senior*innen und Anwohner*innen und schaffen neue Begegnungsformen. Für mehr Lebensqualität, Miteinander und Spaß! Dafür kooperiert das Hospital zum Heiligen Geist zum Beispiel mit Sport- und Bürgervereinen, Schulen, gemeinnützigen Organisationen, (Start-up) Unternehmen sowie aktiven Bürger*innen aus dem Quartier.

Bekannte Orte in Hamburg, deren Namensgebung auf das „Hospital zum Heiligen Geist" zurückzuführen sind: Das Heiligengeistfeld im Stadtteil St. Pauli war einst die Kornkammer der Stiftung Hospital zum Heiligen Geist. Die Heiligengeistbrücke ist der erste Standort des Hospitals zum Heiligen Geist – das Wappen am Brückenkopf weist darauf hin. Die Oberaltenallee im Stadtteil Uhlenhorst war die Straße in das zum Hospital gehörige Dorf Barmbek, die nur die Oberalten mit der Kutsche befahren durften. Der Adolphsplatz hinter dem Hamburger Rathaus deutet auf Adolph IV. von Schauenburg Graf von Holstein hin, der 1227 das Marien-Magdalenen-Kloster dort gründete, wo sich heute die Handelskammer befindet.

Der gut besuchte Literaturzirkel findet zusammen mit dem Bürgerverein Sasel-Poppenbüttel statt. Auch im Digitalcafé sind Senior*innen aus dem Stadtteil willkommen, die Angebote sind für alle Teilnehmenden kostenfrei. Betreut werden sie durch ehrenamtliche Digitallots*innen, darunter Schüler*innen der Stadtteilschule Poppenbüttel – ein sehr erfolgreiches Projekt, das Jung und Alt zusammenbringt.

Das Training im „ExerCube" wird den Bewohner*innen des Hospitals und den Anwohner*innen gleichermaßen zur Verfügung gestellt und steht für den sportlichen Zusammenhalt im Alstertal. Die innovative Spiel-Sport-Anlage bringt Generationen in

Das Hospital zum Heiligen Geist in Poppenbüttel bietet unterschiedliche Wohn- und Lebensformen für 1.200 Senior*innen – im Rahmen der aktuellen Geländeentwicklung öffnet es sich weiter für den Stadtteil, innovative Projekte fördern den Austausch mit den Anwohner*innen und schaffen neue Begegnungsformen.

Das Gärtnern bringt viel Freude: Frische Kräuter und Gemüse werden gemeinsam angebaut, gepflegt und zubereitet.

Glockenturm mit dem Heiligen Nikolaus – als Schutzpatron wacht er über allen, die hier leben und arbeiten.

Bewegung. Die Kombination aus Videospiel und Fitnessgerät ist eine unterhaltsame und gern genutzte Möglichkeit, körperlich aktiv zu bleiben. Das Training ist auch für mobilitätseingeschränkte Menschen geeignet.

Seit 2024 bietet das Hospital zum Heiligen Geist eine neue Betreuungsform in der stationären Pflege an: In sechs Wohngemeinschaften werden insgesamt 72 Bewohner*innen mit demenzieller Erkrankung betreut und versorgt. Ziel ist es, ihnen ein Zuhause zu bieten, in dem sie sich geborgen und angenommen fühlen. Die Bewohner*innen leben hier in einer kleinen Gruppe von jeweils zwölf Menschen und werden von einem festen, speziell geschulten Mitarbeiterteam betreut. Im Mittelpunkt stehen anknüpfend an ihre Biografie die noch vorhandenen Fähigkeiten und ihre bisherigen Gewohnheiten. Ein Therapie- und Sinnesgarten ergänzt das innovative Pflegeangebot.

Die wichtigsten Punkte für die Zukunftsplanung sind: Ein Marktplatz wird das neue Zentrum. Dieser wird von Gebäuden des öffentlichen Lebens, einem Supermarkt, Geschäften und Arztpraxen umrahmt. Auch ein neues Restaurant und das Kundenzentrum werden hier zu finden sein. Diese öffentlichen Angebote werden die Verbindung zur Nachbarschaft wei-

ter stärken und das Hospital zum Heiligen Geist für die Anwohner*innen noch zugänglicher machen.

Die Devise „Wohnen im Grünen" wird facettenreich umgesetzt. Der neue Park bietet barrierefreie Wege und eine Rundtour für ausgedehnte Spaziergänge, einen Teich sowie Plätze zum Verweilen in unterschiedlichen grünen Höfen. Der Baumbestand wird durch Obst- und Bienennährgehölze ergänzt. Auf dem Gelände werden Themengärten angelegt wie ein Lesegarten sowie eine Vogel- und Insektenbeobachtungsstation. Zudem werden auf dem Areal eine Kindertagesstätte und Wohnungen für Mitarbeitende und Auszubildende integriert.

Eine Besonderheit ist schon jetzt auf dem Gelände: die Pflegeschule Alstertal. Jedes Jahr starten hier viele Menschen ihre Ausbildung zur Pflegekraft. Träger ist das Hospital zum Heiligen Geist. Zusätzlich wird ein öffentlicher Bildungscampus entstehen, der für ältere Menschen und deren Angehörige zum Beispiel Schulungen zu Pflegethemen anbietet, und für das Quartier einen Mehrwert schafft.

Obstbäume, verschiedene Themengärten und eine Vogel- und Insektenbeobachtungsstation regen alle Sinne an. Der nahe gelegene Alsterwanderweg lädt zu ausgedehnten Spaziergängen ein.

Expert*innen für altdeutsche Schrift übertragen in der „Sütterlinstube" alte Briefe, Tagebücher und Urkunden in lateinische Buchstaben und bewahren die Inhalte somit für die nachfolgenden Generationen. Das ehrenamtliche Engagement besteht seit 2002, ein Bewohner des Hospitals zum Heiligen Geist hatte die Idee dazu.

Johann August Gärtner-Stiftung

„So viel Selbstständigkeit wie möglich und so viel Sicherheit wie nötig, um das Leben eigenständig zu gestalten“, heißt das Konzept der Johann August Gärtner-Stiftung. Im Service-Wohnen sollen alle Senior*innen die Vorzüge des selbstbestimmten Wohnens in den eigenen Räumlichkeiten erleben und sich zugleich auf Unterstützung im Alltag und in Notsituationen verlassen können.

Die 1980 gegründete Stiftung, benannt nach Johann August Gärtner, hat sich nach dem Testament

Der geflieste Keramikbaum im Hauseingangsbereich zeigt Figuren wie einen Clown, Tiere wie einen Schwan und Gegenstände wie einen Teekessel (siehe Seite 164). Jede Fliese steht für eine der 46 Wohnungen in der Seniorenwohnanlage der Johann August Gärtner-Stiftung in Eidelstedt. Im Jahr 2019 wurde das Gebäude durch einen Brand schwer beschädigt. Doch das Kunstwerk, das zugleich auch Leitsystem ist – jede Fliese des Baums findet ihr jeweiliges Pendant neben einer der Wohnungstüren – blieb glücklicherweise erhalten!

Blick in den Gemeinschaftsraum der 2019 komplett renovierten und modernisierten Seniorenwohnanlage

ihres Namensgebers der gemeinnützigen Seniorenförderung verschrieben. 46 Wohnungen umfasst die Seniorenwohnanlage am Halstenbeker Weg im grünen Hamburg-Eidelstedt.

Das Gebäude, das die Wohnungsbaugenossenschaft Kaifu Nordland 1983 im Auftrag der Stiftung errichtete und seitdem verwaltet, war durch einen Brand im August 2019 schwer beschädigt worden. Die Baugenossenschaft Kaifu nutzte die Arbeiten, um die Anlage komplett zu modernisieren und mit modernen Küchen, Bädern mit bodengleichen Duschen und Bewegungsmeldern, die das Licht steuern, auszustatten. In dem Gebäude befinden sich auch sechs rollstuhlgerechte Wohnungen.

Eine Betreuungsfachkraft ist an Werktagen als Ansprechpartnerin vor Ort und hilft bei Behörden-Angelegenheiten und berät in Pflegesituationen. Besuche von ambulanten Pflegediensten, Hilfen beim Einkaufen oder Begleitung bei Arztbesuchen können die Bewohner*innen als Wahlleistung dazu buchen.

Besonders schöner Blickfang ist der gestaltete „Blätterbaum" aus Keramik-Elementen im Eingang, von der Künstlerin Gisela Winckler aus Worpswede entworfen und gestaltet. Jedes Blattmotiv ist wiederholt an einer Wohnungstür der Bewohner*innen zu finden.

Dies gilt auch für die Installationen eines Hausnotrufs.

In der Gärtnerstube, dem gemütlichen Gemeinschaftsraum im Erdgeschoss, findet ein abwechslungsreiches und liebevoll organisiertes Programm für die Bewohner*innen statt. Mehrmals im Jahr sorgen Feste und gesellige Zusammenkünfte für ein fröhliches Miteinander.

„Angesichts der demografischen Herausforderungen sind Gebäude wie die Seniorenwohnanlage der Johann August Gärtner-Stiftung für die Baugenossenschaft Kaifu von großer Bedeutung", sagt Vorstand Ditmar Baaß. Denn die meisten Mitglieder möchten auch als Senior*innen weiter eigenständig ihren Haushalt führen, wohlwissend, dass sie im Fall der Fälle auf Unterstützungsbedarf setzen können. Anlagen wie die Johann August Gärtner-Stiftung ermöglichen genau dies in einem barrierearmen Umfeld und sind damit eine gute Perspektive für Mitglieder, die in anderen Wohnanlagen leben.

Die Wohnungen der Johann August Gärtner-Stiftung wurden mit öffentlichen Fördergeldern errichtet und werden bindungskonform vergeben.

Die Seniorenwohnanlage der Johann August Gärtner-Stiftung ist für die Baugenossenschaft Kaifu von großer Bedeutung.

Joh. Heinr. Schröder's mildthätige Stiftung

Das Ehepaar Johann Heinrich und Henriette Schröder gründete im Jahr 1853 das Stift. Die „Gotteswohnungen", wie sie damals genannt wurden, entstanden unter dem Motto: „Ein Denkmal, das teilnehmende Liebe gestiftet hat".

Schon damals sollte den Hamburger Bürgern günstiger Wohnraum zur Verfügung gestellt werden. Bis heute üben Nachkommen der Stifter ihr Ehrenamt im Vorstand der Stiftung zum Wohle der Bewohner aus. Und sie schließen sich dem Segenswunsch von Frederick von Schröder, dem Urenkel des Stifters, zum 100jährigen Bestehen der Stiftung an: „Möge der Segen, welcher über ein Jahrhundert von dieser Stiftung ausgegangen ist, auch für weitere Jahrzehnte auf ihr ruhen, denn der Stifter hat sie geschaffen nicht um Ehr' und Dank, sondern aus Dank und Liebe."

Henriette Schröder und **Johann Heinrich Schröder** gründeten das gleichnamige Stift, das seinen historischen Standort in der Schröderstiftstraße hatte.

Zwei Weltkriege hat das Stift überstanden. Der Erste, mit der sich anschließenden Inflation, vertilgte das Kapital der Stiftung. Der Zweite beschädigte den da-

maligen Stiftsbau in erheblichem Ausmaß. Wie durch ein Wunder blieb die Kapelle verschont, obwohl sie von drei Brandbomben getroffen wurde. Großzügige Spenden der Familie Schröder und die weitherzige Unterstützung der Stadt Hamburg ermöglichten den Wiederaufbau.

In den 1970er Jahren tauschte die Stadt Hamburg das ursprüngliche Grundstück der Stiftung in der Schröderstiftstraße im Stadtteil Rotherbaum (Foto) mit dem Gelände am Kiwittsmoor in Langenhorn.

Im Jahr 2021 hat die Stiftung einen barrierefreien und hochwertigen Neubau fertiggestellt, der notwendig geworden war, weil sich die Bauten aus den 1970er Jahren als nicht sanierungsfähig erwiesen. Direkt an der U-Bahn-Station Kiwittsmoor gelegen und angrenzend an den Park, bietet das Wohnstift ein soziales Umfeld, in dem jede Bewohnerin und jeder Bewohner in Würde, Geborgenheit und Gemeinschaft alt werden kann.

Das Schröderstift stellt Hamburgern ab dem 60. Lebensjahr günstigen Wohnraum zur Verfügung. Voraussetzung ist ein Wohnberechtigungsschein und die Bereitschaft, sich aktiv in die Gemeinschaft einzubrin-

Der 2021 fertiggestellte Neubau bietet sozialgeförderten, barrierefreien Wohnraum für Menschen im Alter.

Ein soziales Umfeld, in Geborgenheit und Gemeinschaft.

gen. Die Größe der Wohnungen liegt zwischen 41 Quadratmetern für Einzelpersonen und 59 Quadratmetern für Ehepaare. In direkter Nachbarschaft zu den Stiftswohnungen sind staatlich geförderte Wohnungen entstanden, eine ideale Voraussetzung für ein generationsübergreifendes Gemeinschaftsleben.

Die große, denkmalgeschützte Faltdach-Kapelle der Stiftung ist der Ort, an dem die Gemeinschaft der „Schröderstiftler" gelebt wird. Hier finden nicht nur Gottesdienste, alle größeren Feiern sowie musikalische Veranstaltungen statt, sondern auch Gemeinschaftsaktivitäten, oft in Eigeninitiative der Stiftsbewohner.

In der großen, denkmalgeschützten Faltdach-Kapelle finden Gottesdienste, alle größeren Feiern, musikalische Veranstaltungen und Gemeinschaftsaktivitäten der Stiftsbewohner statt.

Ein bis heute denkwürdiges Datum für das Schröderstift ist der 13. August 1998, an dem eine ganz außergewöhnliche Feier stattfand – die Hochzeit zweier Schröderstiftler. Das Paar, das 1992 in das Wohnstift eingezogen war, ließ sich nach 25jähriger Ehe in der Stiftskapelle kirchlich trauen.

Die Kapelle ist das Herz der Schröderstiftung, ein soziales Zentrum und zugleich ein wichtiger Identifikationsort. In ihrer Gruft fanden die Sarkophage des Stifterpaares aus weißem Marmor ihre letzte Ruhestätte, umrahmt von den Marmorskulpturen des Engels und der Gruppe „Glaube, Liebe, Hoffnung" des Bildhauers Eduard Müller.

„Das Schröderstift ist begeistertes Mitglied im Hamburger Bündnis für Wohnstifte, weil hier ein reger und sehr bereichernder Austausch zu interessanten Themen stattfindet. Neue Impulse und gegenseitige Hilfestellung prägen das freundschaftliche und unkomplizierte Miteinander."

Sabine Schlüter, Vorstandsvorsitzende
Joh. Heinr. Schröder's mildthätige Stiftung

Karla und Alfred W. Adickes-Stiftung

Das Stifterehepaar wollte älteren Bürgern einen sorgenfreien Lebensabend ermöglichen mit der von ihnen gestifteten Seniorenwohnanlage. Rechts das Wohngebäude der Karla und Alfred W. Adickes-Stiftung.

„Der Wunschtraum eines Hamburger Jung ist endlich in Erfüllung gegangen", sagte der Stifter Alfred W. Adickes im Jahre 1984 bei der Eröffnung der von ihm und seiner Ehefrau Karla Adickes errichteten Seniorenwohnanlage.

Die Karla und Alfred W. Adickes-Stiftung betreibt in Hamburg-Poppenbüttel eine großzügig angelegte Anlage mit 88 Einzimmer-Wohnungen (praktisch aufgeteilt in Flur, Duschbad, Wohnraum mit Schlafnische, Einbauküche, Loggia, Kellerraum) und 8 Zweizimmerwohnungen für Ehepaare. Aufgabe der gemeinnützigen Stiftung ist es unter anderem, älteren Menschen mit geringen finanziellen Mitteln ein selbstständiges, sorgenfreies Leben zu ermöglichen.

Das drei- bis viergeschossige Gebäude verfügt über zwei Personenaufzüge. Im Erdgeschoss befinden sich die Veranstaltungsräume. Es gibt eine Bibliothek sowie Räume zum Basteln, Singen, Spielen, für Gymnastik und Gespräche. Für Gäste der Bewohner*innen stehen im Haus drei Doppelzimmer mit Dusche zur Verfügung.

Alfred W. Adickes (1906–1997), ein erfolgreicher Hamburger Kaufmann und Unternehmer, sah sich – ganz hanseatisch – in Dankbarkeit für seinen wirtschaftlichen Erfolg zu selbstloser Wohltätigkeit verpflichtet. Er verwirklichte dieses Ziel gemeinsam mit seiner Ehefrau **Karla Adickes** (1906–1998) durch die Errichtung der nach ihnen benannten Stiftung. Die beiden haben 1984 die Seniorenwohnanlage, Grotenbleken, und 1993 die Kindertagesstätte, Marktkirche Poppenbüttel, gestiftet.

Gemeinschaft, Geselligkeit und Unterhaltung bieten die vielen angebotenen Veranstaltungen.

Waschmaschinen, Trockner und Trockenräume sind im Untergeschoss untergebracht.

In der Nähe der Wohnanlage befinden sich vielfältige Einkaufsmöglichkeiten, Ärzte, Banken, Post und Sportstudio sowie der S- und Busbahnhof. Die gepflegte Gartenanlage mit einem Teich und das nahe Alstertal laden zum Verweilen im Grünen ein.

Dem Vorstand, dem Geschäftsführer und der Hausleitung ist sehr daran gelegen, eine Atmosphäre zu schaffen, in der sich alle in der Seniorenwohnanlage wohlfühlen. Ausfahrten, vielfältige Kurse und Veranstaltungen mit Musik und kulinarischen Leckereien bieten Geselligkeit und fördern die gute Hausgemeinschaft. Dabei ist eine ehrenamtliche Tätigkeit gerne möglich. Der Leiter des Hauses steht allen Bewohner*innen mit Rat und Tat zur Seite. Er unterstützt sie bei der Vermittlung von Hilfs- und Dienstleistungen sowie in behördlichen Angelegenheiten.

Die Karla und Alfred W. Adickes-Stiftung hat zudem seit vielen Jahren soziale und kulturelle Projekte zu-

gunsten von Kindern, Senior*innen und Menschen mit Behinderungen gefördert. Vor dem Hintergrund allerdings, dass bei der seit über 40 Jahren bestehenden Wohnanlage nunmehr verstärkt Modernisierungs- und Instandsetzungsmaßnahmen durchzuführen sind, fließen die Mittel der Stiftung vorrangig in die Erhaltung und Erneuerung des Gebäudes und der Wohnungen.

Die schöne Teich- und große Gartenanlage der seit über 40 Jahren bestehenden Seniorenwohnanlage in Poppenbüttel.

Keitel-Stiftung

Das Keitel-Stift wird von den An- und Bewohner*innen auch liebevoll als „Kleines Schloss von Barmbek" bezeichnet. Das liegt wohl daran, dass es, gemessen an seiner Umgebung, eine recht herrschaftliche Erscheinung aufweist.

Die Schwestern Fräulein Wilhelmine Louise Adolphine Keitel und Fräulein Charlotte Wilhelmine Dorothea Keitel haben letztwillig die Errichtung einer milden Stiftung angeordnet, welche den Namen „Keitel-Stiftung" trägt. Per Testament begründeten die beiden 1901 die Stiftung, die das Gebäude in Barmbek dann 1905 errichten ließ.

Historische Ansicht vom Keitel-Stift in Barmbek, zu der Zeit sind der Turm über dem Portal noch vollständig und ebenso die Schmuck-Balkonbrüstungen in ihrer ursprünglichen Ausprägung zu sehen.

Das Grundstück, einen ehemaligen Kätnerhof, stellte die Stadt Hamburg zur Verfügung, die bis heute Eigentümerin des Grundstücks ist. Die 51 mietfreien Wohnungen waren „armen, unbescholtenen, mindestens 45 Jahre alten Mädchen aus dem Handwerker- und Dienstbotenstande" vorbehalten.

Während des Zweiten Weltkriegs brannte das Stift leider aus, es wurde dann Anfang der 1950er Jahre instandgesetzt und 1980 umfangreich renoviert, doch der Turm blieb bis heute verkürzt und einige Schmuck-Balkonbrüstungen sind zugemauert.

Ein hilfsbereiter Hausmeister und eine engagierte Hausdame leben direkt im Haus und sind für die individuellen Bedürfnisse der Bewohner*innen ansprechbar. Fürs soziale Miteinander sorgen regelmäßige Veranstaltungen, ein einladender Gemeinschaftssaal

Links das herrschaftliche Portal des „Kleinen Schlosses von Barmbek"

Die beiden Schwestern Wilhelmine Louise Adolphine Keitel und Charlotte Wilhelmine Dorothea Keitel begründeten die Stiftung, die das Wohngebäude 1905 errichten ließ, per Testament.

und eine hauseigene Bibliothek. Wer mehr Unterstützung im Alltag benötigt, kann sich optional durch einen ambulanten Pflegedienst der Hartwig-Hesse-Stiftung (Kooperationspartner) angemessen betreuen lassen.

Der Zweck der Keitel-Stiftung ist die Förderung mildtätiger Zwecke. Auch heute rund 120 Jahre nach der Gründung wird noch immer die gleiche Zielgruppe angesprochen.

Aufgrund des Stiftungszwecks und der Zielgruppe wäre es sinnvoll, das Haus als Service-Wohnanlage mit entsprechender Barrierefreiheit zu betreiben.

Viel Holz, Glas und mit klassischem Oberlicht: Vom schlicht und elegant gestalteten Treppenhaus führt der Weg in die 50 gemütlichen Wohnungen, die auch über einen Aufzug erreichbar sind.

Ein bisschen Klönschnack im Flur: Fürs soziale Miteinander sorgen ebenso regelmäßige Veranstaltungen, ein einladender Gemeinschaftssaal und eine hauseigene Bibliothek.

Dafür müsste es vorab modernisiert werden. Doch gegenwärtig fehlen die finanziellen Eigenmittel – auch, weil das Grundstück nicht der Keitel-Stiftung gehört.

Die Keitel-Stiftung hat eine lange Kooperationshistorie. Sie arbeitet in einem Verbund mit der Hartwig-Hesse-Stiftung, der Heerlein- und Zindler-Stiftung und dem St. Gertrud-Stift zusammen. Instandhaltungen aller Häuser im Stiftungsverbund wurden in der Vergangenheit immer wieder mit Hilfe von anderen Stiftungen, wie der G. u. L. Powalla Bunny's Stiftung, der Homann-Stiftung oder der Hinrich Rave-Stiftung umgesetzt.

Das Keitel-Stift blickt auf eine über hundertjährige Geschichte zurück, doch es müsste modernisiert werden, damit es als Service-Wohnanlage mit entsprechender Barrierefreiheit zur Verfügung stünde.

Leja-Stiftung

Die Leja-Stiftung in Altona, ein geschichtsträchtiges Gebäudeensemble mit 104 kleinen Wohnungen für Frauen, liegt in der Thadenstraße 120–122. Von den Mieterinnen liebevoll das „Leja Dorf" genannt, mutet das Wohnstift zwischen dem quirligen Schanzenviertel und St. Pauli wie ein idyllisches Kleinod an. Es wurde im 19. Jahrhundert von dem jüdischen Optiker Benjamin Leja gegründet, um „unverschuldet in Armut geratenen Frauen" unabhängig von ihrer Konfession günstigen Wohnraum zu gewähren.

Benjamin Leja, gelernter Optiker und weit gereister Geschäftsmann, wurde 1779 in Altona, damals noch zu Dänemark gehörend, als Sohn einer Kaufmanns- und Reederfamilie geboren. Er war zweimal verheiratet und Vater von sechs Kindern. Obwohl seine Biografie noch nicht gänzlich erforscht ist, weisen die vorhandenen Quellen daraufhin, dass längere Aufenthalte in Schweden und Frankreich und zugleich seine Verbundenheit zu Altona seinen Lebensweg prägten. Nach den Forschungen der Historikerin Dr. Angela Schwarz ließ er sich bereits im Alter von 25 Jahren in Schweden nieder, wurde schwedisch-königlicher Hofoptiker und gründete dort unter anderem eine florierende Handelsgesellschaft, ein Warenhaus und ein Casino. Im Jahre 1855 zog er nach Paris, unternahm etliche Handelsreisen und wurde zum Hofoptiker von Napoleon III. Als vermögender Geschäftsmann und Wohltäter kehrte Benjamin Leja 1863 nach Altona zurück und gründete 1867 die Leja-Stifung. Er starb 1870 im Alter von 73 Jahren und wurde auf dem jüdischen Friedhof in der Königstraße beigesetzt.

Die Leja-Stiftung, die zu den paritätischen Stiftungen in Hamburg zählt, ist eine reine Wohnstiftung und bietet kein Servicewohnen an. Sie wird von einem ehrenamtlichen Vorstand geleitet, unterstützt von dem „Leja-Beirat" engagierter Mieterinnen, einer Sozialarbeiterin vor Ort sowie einem externen Dienstleister für die wohnungswirtschaftliche Verwaltung. Tür an

Die beiden Backsteinbauten des Wohnstifts, in der Gründerzeit errichtet, stehen unter Denkmalschutz.

Treffpunkt unter freiem Himmel – gute Gelegenheit für den nachbarschaftlichen Plausch!

Tür leben hier und heute Frauen im Alter von Anfang 20 bis über 90 Jahren mit sehr vielfältigen sozialen und kulturellen Hintergründen.

Das erste Wohnstift, das Benjamin Leja 1869 in der Großen Bergstraße mit 45 sogenannten „Freiwohnungen" errichten ließ, existiert nicht mehr. Im Zweiten Weltkrieg schwer beschädigt, teilweise völlig zerstört, fiel es Mitte der 1960er Jahre im Zuge eines Umlegungsverfahrens gegen finanzielle Entschädigung an die Stadt Hamburg zurück. Auf einem weiteren noch zu seinen Lebzeiten erworbenen Grundstück in der Thadenstraße steht das heutige Wohnstift. 1883 wur-

Hingucker sind die schönen Details im Eingangsbereich der Gründerzeitgebäude.

de hier das erste Gebäude mit 20 Wohnungen, wenige Jahre später das zweite mit 24 Wohnungen errichtet. Beide Backsteinbauten im Gründerzeitstil stehen unter Denkmalschutz.

Zwischen 1930 und 1960 kamen drei mehrgeschossige Wohnhäuser, eines davon, zur Thadenstraße gelegen, mit zwei Ladengeschäften, 25 Bungalows in Reihenbauweise mit begrünten Dächern und zwei kleinen Ladengeschäfte hinzu. Aufgrund ihres Baualters, ihrer Gebäudestrukturen und trotz umfangreicher Modernisierungsmaßnahmen in den 1980er Jahren sind die Wohnungen nicht barrierefrei. Abgesehen von der bauhistorischen Bedeutung zeichnet sich das Ensemble durch viele Vorgärten und einen stattlichen Baumbestand aus. Die Mieterinnen schätzen diese Idylle und haben einen prächtigen Kastanienbaum zu ihrem Treffpunkt unter freiem Himmel auserkoren.

Die Leja-Stiftung, die nach dem Stifterwillen zu einem Drittel für Juden und zu zwei Dritteln für Nichtjuden zur Verfügung gestellt wurde, blickt auf eine mehr als 150-jährige wechselvolle Geschichte zurück. An die dunkelste Zeit, die Nazidiktatur und die „Arisierung", erinnern heute Stolpersteine am ehemaligen und jetzigen Standort der Leja-Stiftung. Eine Reminiszenz an Benjamin Leja ist am Eingang des ältesten Gebäudes an der Thadenstraße verewigt: „Dem Stifter die Ehre! Dem Hause die Lehre: Wer sich bescheidet, der wird beneidet."

Altes bewahren und Neues gestalten! Unter diesem Motto hat sich die Leja-Stiftung in den kommenden Jahren zum Ziel gesetzt, das Wohnstift in baulicher und sozialer Hinsicht zu einem lebendigen Wohn- und Begegnungsort im Quartier weiterzuentwickeln.

Dringend notwendige Sanierungs- und Modernisierungsmaßnahmen, die zunächst dem Erhalt eines der denkmalgeschützten Gebäude und der Verbesserung der Wohnqualität zugutekommen, stehen ganz oben auf der Agenda. Zudem wird eines der Ladengeschäfte am Eingang des Stiftsgeländes zu einem Begegnungsraum umgebaut – ein absoluter Gewinn für nachbarschaftliche Aktivitäten, da es bisher keinen Gemeinschaftsraum gab. Ein weiteres Novum in der Geschichte der Leja-Stiftung ist, dass dank der großzügigen Unterstützung der Edgar und Nina Kummerfeldt Stiftung 2024 erstmals eine Sozialarbeiterin eingestellt werden konnte. Sie ist vor Ort die Ansprechpartnerin für die Anliegen einzelner Mieterinnen und den Leja-Beirat. Im Sinne der sozialen und sozialräumlichen Weiterentwicklung der Leja-Stiftung stärkt und unterstützt sie gemeinsam mit allen Beteiligten den nachbarschaftlichen Zusammenhalt und entwickelt eine Strategie für die Vernetzung mit dem Stadtteil.

Die Nachbarschaftsrikscha, ein Kooperationsprojekt zwischen der Leja-Stiftung und Convenit e.V., lädt die Stiftsbewohnerinnen und die im Stadtteil lebenden Senior*innen zu Ausflügen ein.

Mara und Holger Cassens-Stiftung

Holger Cassens ist auch Mitglied in der Patriotischen Gesellschaft von 1765, die seit ihrer Gründung 1765 den kulturellen Raum Hamburg prägt. Weiterhin unterstützt er das Hamburger Straßenmagazin „Hinz und Kunzt".

Die von Mara und Holger Cassens 2005 ins Leben gerufene gleichnamige Stiftung dient der Förderung von Kunst und Kultur, Bildung und Erziehung sowie der Unterstützung sozialer Projekte, die gute Ideen Wirklichkeit werden lassen.

Die Stiftung verleiht in Zusammenarbeit mit dem Hamburger Literaturhaus den „Mara Cassens-Preis" für ein deutschsprachiges Romandebüt.

Darüber hinaus fördert die Mara und Holger Cassens-Stiftung verschiedene Kulturprojekte in Hamburg und unterstützt zudem viele Angebote zur Förderung von Jugendlichen. Der „Holger Cassens-Preis" wird in Zusammenarbeit mit der Patriotischen Gesellschaft von 1765 für Projekte unter der Überschrift „Bildung als gemeinsame Aufgabe" verliehen.

Weitere soziale Projekte sind zum Beispiel der Bau der Geschäftsstelle für das Hamburger Straßenmagazin „Hinz und Kunzt". Dadurch wurde nicht nur der Redaktion eine neue Heimat gegeben. Das Haus bietet auch sieben Wohnungen für ehemals Obdachlose. Die Belegung und Betreuung übernimmt „Hinz und Kunzt".

Außerdem arbeitet die Mara und Holger Cassens-Stiftung engagiert mit an dem Projekt „Neues Stiftungsviertel in Wilhelmsburg" und möchte in einigen Jahren dort 20 Wohnungen für ältere Künstler*innen mit geringem Einkommen errichten, die auf Sozialwohnungen angewiesen sind.

„Durch die Internationale Bauausstellung wurde ich verleitet, über die Elbe zu springen. Dadurch habe ich das Potenzial Wilhelmsburg kennengelernt und dort an zwei Standorten schon Wohnungen und eine Kita gebaut", sagt Holger Cassens, Vorstandsvorsitzender der Stiftung.

Im Stiftsviertel St. Georg unter einem Dach: Wohnungen für ehemals Obdachlose und die Geschäftsstelle für das Hamburger Straßenmagazin „Hinz und Kunzt“

Eilbek
mit 32 Standorten
im Hamburger
Stadtgebiet

Martha Stiftung

Als die Hamburger Kaufmannswitwe Wilhelmine Mutzenbecher im Jahr 1849 ihr Privathaus in Hamburg-St. Georg für vierzehn junge mittellose Frauen vom Lande öffnete, um sie vor der Verelendung zu retten, zu Dienstmädchen auszubilden und an befreundete Haushalte zu vermitteln, legte sie gleichzeitig den Grundstein für die außergewöhnliche Erfolgsgeschichte der Martha Stiftung. Die Hamburger Kaufmannswitwe bewegte sich im Kreis um den Theologen und Sozialreformer Johann Hinrich Wichern und der von ihm gegründeten Inneren Mission der evangelischen Kirche. Die Geburtsstunde der Martha Stiftung war dann der 19. Juni 1849 und mit dieser starken Frauenfigur als Stiftungsgründerin Unternehmerinnengeist par exellence.

„Martha ist geworden“, sagt die Vorständin Martina Pleyer. Servicewohnen und Pflege, Hilfe bei Suchterkrankungen und Assistenzbedarf: Die Angebote und Dienste sind dezentral organisiert und finden sich über das Hamburger Stadtgebiet verteilt, direkt in den Wohnquartieren bei den Menschen – ein großer Vorteil, gerade für eine alternde Gesellschaft, damit Menschen in ihrer vertrauten Umgebung bleiben können; nämlich da, wo sie zuhause sind.

Heute gehört die diakonische Martha Stiftung mit 32 Standorten im gesamten Hamburger Stadtgebiet und 1.000 Mitarbeitenden zu den großen sozialwirtschaftlichen Unternehmen in Hamburg. Sie bietet Angebote für Menschen mit besonderem Unterstützungsbedarf in drei Geschäftsbereichen: Senior*innen und Pflege, Menschen mit Behinderungen und Suchtkrankenhilfe. In diesen Segmenten erfüllt die Martha Stiftung ihren Stiftungszweck: Betreuung,

1884: Eröffnung des Martha Hauses in Borgfelde

Pflege und Wohnraum für hilfsbedürftige Menschen zur Verfügung zu stellen, ergänzt um die Ausbildung und Vorbereitung junger Menschen für pflegerische, hauswirtschaftliche und kaufmännische Berufe.

Seit ihren Anfängen liegen fast zwei bewegte Jahrhunderte hinter der Martha Stiftung, in denen sie mannigfache Herausforderungen und Krisen zu bestehen hatte. Eine besondere Zäsur bildete der Zweite Weltkrieg. Bei einem Bombenangriff der Briten und US-Amerikaner im Juli 1943 wurde auch das Martha Haus zerstört. Die Stiftungsarbeit kam für mehr als ein Jahrzehnt zum Erliegen. Ein Neuanfang gelang 1956 mit der Schenkung eines Grundstücks in Hamburg-Rahlstedt, wo das Martha Haus als Wohnpflegeeinrichtung neu erbaut wurde und bis heute einen guten Ort für Menschen im Alter bietet. Seitdem wuchs die Martha Stiftung beständig weiter. 1964 übergab die Gründerin des Erlenbuschs, die Pädagogin Hilde Wulff, das Kinderheim an die Martha Stiftung. 1972 folgte die Eröffnung des SuchtTherapieZentrums Hamburg (STZ). Seitdem steht die Grundstruktur der Fachbereiche in der Martha Stiftung, deren Angebote sich kontinuierlich immer weiter ausdifferenzieren und entwickeln.

Mitten in Eimsbüttel, in der Gärtnerstraße, vermietet die Martha Stiftung barrierefreie Seniorenwohnungen. Direkt gegenüber befindet sich das Seniorenzentrum St. Markus, dessen Angebote die Bewohner*innen mit nutzen können.

Vor einigen Jahren lebten in einer der Einrichtungen der Martha Stiftung zwei ältere Damen, beide an Demenz erkrankt. Die eine zog erst später dazu, aber sie hatten schnell eine besondere Verbindung zueinander und verstanden sich sehr gut. Schließlich wurden sie ein Liebespaar. Zauberhaft, das mitzuerleben. Was die Mitarbeitenden erst später erfuhren: Die beiden Damen waren in früheren Jahren bereits ein Paar gewesen, hatten sich aber getrennt. Sie konnten sich nicht mehr aneinander erinnern, aber verliebten sich trotzdem neu ineinander.

Die jüngste Servicewohnanlage aus dem Jahr 2019 befindet sich in Alt-Rahlstedt.

Auch der Bereich des Servicewohnens wurde seit Mitte der 1980er Jahre beständig weiter ausgebaut, mit dem Moraht Haus kam 1985 die erste Wohnanlage in Horn hinzu.

1994 kam das Seniorenzentrum St. Markus zur Martha Stiftung und 1999 wurde die Ambulante Pflege St. Markus als erster von drei ambulanten Pflegediensten gegründet. Auf dem Gebiet „Neue Wohnformen für Menschen im Alter" gehört die Martha Stiftung zu den Pionier*innen. Sie hat Wohngemeinschaften für demenziell erkrankte Menschen in Hamburg aufgebaut und bietet diese bereits seit 2007 an, ebenso hat sie seit einigen Jahren eine Vierer-Wohngemeinschaft für pflegebedürftige Menschen in ihrem Portfolio.

Das Seniorenzentrum St. Markus zog 2001 in den Neubau an der Gärtnerstraße 63. Es ist als offenes Haus angelegt. Mit seinem zum Stadtteil hin aufgeschlossenen Konzept fand es bei der Eröffnung bundesweit Beachtung. Die Kooperationen mit Geschäftspartner*innen, Schulen und der Nachbarschaft bestehen bis heute.

Mit dem Angebot für eine umfassende Rund-um-die-Uhr-Assistenz schließt das 2019 eröffnete Wohnhaus Klosterwisch eine Lücke in der Versorgung von erwachsenen Menschen mit schweren (Mehrfach)-Behinderungen in Hamburg. All diese erfolgreich entwickelten Projekte und die damit gesammelten Erfahrungen prägen die Martha Stiftung und bilden das Fundament für die Haltung, mit der in der Stiftung Gegenwart und Zukunft gestaltet werden.

Ein weiteres wichtiges Geschäftsfeld der Martha Stiftung ist der Bereich des Servicewohnens mit Wohnanlagen von Blankenese bis Rahlstedt. Insgesamt sind es 339 barrierefreie Wohnungen an zwölf Standorten. Das Angebot des Servicewohnens für Menschen ab 60 Jahren entspricht dem Wunsch der stetig steigenden Zahl aktiver Senior*innen in Hamburg, die möglichst lange selbstbestimmt in den eigenen vier Wänden leben möchten, ohne auf Sicherheit zu verzichten. Für eine zusätzliche monatliche Pauschale buchen die Mieter*innen einen Grundservice dazu. Dieser beinhaltet zum Beispiel die Beratung in Alltagsfragen, die Vermittlung von Hilfeleistungen und die Organisation von unterschiedlichen Freizeitangeboten. Weitere Dienstleistungen wie ein Hausmeisterservice oder die Wohnungsreinigung sind frei wählbar und werden zusätzlich berechnet. Mieter*innen bekommen bei Bedarf bevorzugt einen Platz in einer Pflegeeinrichtung der Martha Stiftung.

Servicewohnen bietet die Martha Stiftung auch in der HafenCity mit Blick auf die Elbphilharmonie an.

In einigen Wohnanlagen, beispielsweise im Quartier Baakenhafen oder im Quartier Mitte Altona, ist die Martha Stiftung für den Service zuständig, aber vermietet nicht selbst. Darüber hinaus kooperiert die Stiftung mit Wohnungsgenossenschaften wie der Schiffszimmerer Genossenschaft, der Fluwog-Nordmark eG. oder der Wohnungsgenossenschaft von 1904 e.G.

Mit besonderen Wohnformen wie der Demenz-Wohngemeinschaft, der Senioren-Wohngemeinschaft und der Pflegewohnung auf Zeit ist die Martha Stiftung verstärkt in neuen Stadtquartieren wie dem Stellinger Spannskamp vertreten. Kooperationspartner*innen sind hier die Schiffszimmerer-Genossenschaft und die Diakonie Hamburg. Der Spannskamp ist ein 2018 fertig gestelltes Pilotquartier, das auf generationsgerechtes Wohnen und Leben in aktiven und solidarischen Nachbarschaften setzt.

„Die diakonische Martha Stiftung findet im Hamburger Bündnis Expertise und politischen Mitgestaltungswillen in einem breit aufgestellten Netzwerk. Zur Erreichung unserer Teilhabeziele für vielfältige Menschen, die wir unterstützen, sind gute Wohnbedingungen eine wichtige Voraussetzung. Für uns als gemeinnütziges Unternehmen müssen die Rahmenbedingungen stimmen, um unseren Auftrag erfüllen zu können."
Martina Pleyer, Vorständin Martha Stiftung

St. Gertrud-Stift

Im grünen Borgfelde liegt das St. Gertrud-Stift, eine historische denkmalgeschützte Anlage, in unmittelbarer Nähe zum Marienkrankenhaus Hamburg. Die 1454 gegründete Stiftung St. Gertrud gehört nicht nur zu den ältesten in der Stadt, sondern auch zu dem hier ansässigen Stiftsviertel mit weiteren Anlagen, beispielweise dem Gründungshaus der Alida Schmidt-Stiftung oder der Hiobs-Hospital Stiftung.

Einst haben die Vorsteher der „St. Gertrud-Kapelle“ auf den Kurzen Mühren den „St. Gertrud-Gotteshof“ als Stiftshaus für alte und unbemittelte Frauen gegründet. 1842 brannte die Kapelle leider ab. In Verhandlungen mit dem Senat der Freien und Hansestadt Hamburg wurde das Übereinkommen getroffen, das angesammelte Kapital der Kapelle je zur Hälfte für die Erbauung der „St. Gertrud-Kirche“ beim Immenhof und für die Errichtung eines vergrößerten Wohnstifts in Borgfelde zu verwenden.

Blick auf das St. Gertrud-Stift an der Bürgerweide: Die Anlage mit den drei stilvollen Gebäuden steht unter Denkmalschutz und wird mit von der Hartwig-Hesse-Stiftung verwaltet.

Das mittlere der drei Wohngebäude des St. Gertrud-Stifts von der Bürgerweide aus gesehen.

Das an den Kurzen Mühren gelegene Stiftshaus wurde im Jahr 1883 an den hamburgischen Staat verkauft. Mit dem Erlös konnte das an der Bürgerweide gelegene Grundstück erworben werden, auf dem noch im selben Jahr die drei Häuser entstanden, die dann den Namen „St. Gertrud-Stift" führten.

Während des Zweiten Weltkriegs wurde das Stift schwer beschädigt. Der Wiederaufbau begann unmittelbar und konnte im Jahr 1948 schon abgeschlossen werden. In den Jahren 1982/1983 wurden die drei Gebäude dann grundlegend modernisiert. Seit der Verjüngungskur bietet das Stift 33 Wohnungen und hat Platz für vier Geschäfte, die von den Bewohner*innen und der Nachbarschaft sehr geschätzt werden und die das Souterrain beleben. Sowohl Stiftsbewohner*innen als auch Menschen aus der Nachbarschaft treffen sich regelmäßig im Gemeinschaftsraum des St. Gertrud-Stifts.

Wer mehr Unterstützung im Alltag benötigt, kann sich optional durch den ambulanten Pflegedienst der Hartwig-Hesse-Stiftung (Kooperationspartner) angemessen betreuen lassen.

Die Stiftung St. Gertrud wird bis heute von einem Vorstand verwaltet, der aus drei Personen besteht – darunter der jeweilige Probst des Bezirks in der Evangelisch-Lutherischen Kirche in Norddeutschland, in dem das Wohnstift gelegen ist, als Patron. Der Stiftungszweck wird verwirklicht durch das Betreiben eines Wohnstifts für hilfsbedürftige in Hamburg ansässige ältere Frauen und Ehepaare christlichen Glaubens.

Die Heilige Gertrud schaut vom mittleren der drei Häuser und beschützt die Stiftsbewohner*innen in allen Lebenslagen. Sie zeichnete sich durch große Nächstenliebe aus, engagierte sich für die Armen und pflegte die Kranken.

Für den Stiftungszweck und die Bewohnerschaft wäre es wünschenswert und sinnvoll, das Gebäude als Service-Wohnanlage mit entsprechender Barrierefreiheit umzugestalten – jedoch fehlt der Stiftung hierfür das benötigte Eigenkapital.

Das St. Gertrud-Stift hat eine lange Kooperationshistorie. Sie arbeitet in einem Verbund mit der Hartwig-Hesse-Stiftung, der Heerlein- und Zindler-Stiftung und der Keitel-Stiftung zusammen. Instandhaltungen aller Häuser im Stiftungsverbund wurden in der Vergangenheit immer wieder mit Hilfe von anderen Stiftungen, wie der G. und L. Powalla Bunny's Stiftung, der Homann-Stiftung oder der Hinrich Rave-Stiftung umgesetzt.

Sophie Döhner-Hube Stiftung

Der Hamburger Kaufmann August Friedrich Gustav Adolph Döhner hatte seinen Erben zur Auflage gemacht, 100.000 Mark seines Vermögens für die Armenpflege zu verwenden. Um das Vermächtnis ihres am 29. April 1888 verstorbenen Mannes zu erfüllen, richtete die Witwe Sophie Döhner, geborene Hube, an den Senat der Hansestadt Hamburg ein Ersuchen zum Bau von Freiwohnungen. Diese sollten für „arme Familien oder einzelne Frauen aus dem Handwerkerstand, womöglich in Einzelhäusern von vier Wohnungen mit kleinem Vorgarten und Hofplatz" verwendet werden.

Am 13. November 1888 wurde beschlossen, den gewünschten Platz an der Bürgerweide/Baustraße in Borgfelde zu überlassen. Hier sollten 16 Familienwohnungen und 21 Einzelwohnungen entstehen. Im Januar 1891 zogen die ersten Personen in das neu erbaute Stift ein und Ende Februar war es bereits voll belegt. Als die Mutter verstarb übernahm ihre Tochter, Fräulein Sophie Döhner, die Verwaltung der Stiftung. Die Stiftung wirkte lange Jahre zum Wohle alter und armer Menschen. Doch im Oktober 1921 richtete Fräulein Sophie Döhner eine Eingabe an den Senat und trug vor, dass die zur Instandhaltung des Stifts festgesetzten Mieten bei der gegenwärtigen Inflation nicht mehr ausreichten, um die notwendigen Reparaturen vornehmen zu lassen. Es nehme das Vermögen ständig und erschreckend ab. Der Sohn der Stifterin, Friedrich Adolph Döhner, gab aus seinem Privatvermögen Zuschüsse an die Stiftung. Dadurch konnten die jährlichen ungedeckten Fehlbeträge ausgeglichen werden.

Familie Kaehler hat das Leben im Stift Mitte bis Ende des 20. Jahrhunderts in entscheidendem Maße geprägt, sich für das Wohl der Menschen engagiert und ehrenamtlich zum Wohle der Menschen gewirkt. Johannes Kaehler war engagiert bei den Bau- und Umbaumaßnahmen, Finanzierungsfragen und der Hausverwaltung. Ehefrau Rose-Marie Kaehler übernahm viele administrative Aufgaben. Die älteste Tochter Ingeborg Kaehler war erst für die Buchhaltung verantwortlich und dann für die Geschäftsführung. Die zweite Tochter Hannelore Kaehler wurde auch zum Vorstandsmitglied ernannt. Sie hat in ihrem Testament das gesamte Privatvermögen, ihr eigenes und das ihrer Schwester, der Stiftung vererbt und somit den Fortbestand der Stiftung unterstützt. Ähnlich wie es der Sohn der Stifterin, Friedrich Adolph Döhner getan hat, als er einen Teil seines Privatvermögens als Zuschuss an die Stiftung übertragen hat.

Die Wohnanlage der Sophie Döhner-Hube Stiftung entstand in den 1950er Jahren, bietet Ein- und Zwei-Zimmerwohnungen, fußläufig ist der Hammer Park zu erreichen.

Im September des Jahres 1927 beantragte Sophie Döhner und der zu gleicher Zeit im Vorstand tätige Friedrich Wilhelm Spiegelberg, die Vorstandsbestimmung der Satzung zu ändern, da Sophie Döhner sich mit ihren 82 Jahren nicht mehr imstande sah, die Verwaltung noch länger zu führen. Sie bestimmte gleichzeitig, dass nach ihrem Tod die Verwaltung von drei Personen zu führen sei, und zwar von der Kirchengemeinde Borgfelde dazu bestimmten Männern und Frauen. Die Ergänzung der Satzung wurde vom Senat beschlossen.

Im Zweiten Weltkrieg wurde das Gebäude bei einem Bombenangriff bis auf die Grundmauern zerstört. Darüber hinaus wurde das für den Stiftungszweck genutzte Grundstück in der Baustraße von der Stadt für den Bau einer Gewerbeschule zurückverlangt.

Das für einen Neubau geeignete Grundstück wurde im Quellenweg 1 in Hamburg-Hamm gefunden und im Erbbaurecht für die Dauer von 99 Jahren vergeben. In zwei Bauabschnitten wurden in den Jahren

Schön gestaltetes Treppenhaus – alle Etagen sind auch über zwei Fahrstühle erreichbar.

Der Pastor Dr. Hermann Junge Gedächtnisraum

1954 bis 1957 insgesamt 260 Wohnungen errichtet. Auf den Fluren, in den Treppenhäusern und Aufenthaltsräumen war immer viel Leben, schon bedingt dadurch, dass WCs und Bäder außerhalb der Wohnungen lagen. Alle kannten sich und passten auf, dass sie sich am Tage wenigstens einmal sahen. Die gegenseitige Aufmerksamkeit wurde von allen Bewohner*innen geschätzt.

Das neue Stiftsgebäude wurde ehrenamtlich vom Vorstandsmitglied Johannes Kaehler verwaltet, der zugleich Mitglied des Kirchenvorstands der Gemeinde Borgfelde und Beamter in der Gesundheitsbehörde war. 1980 ging er an die Planung, Vorbereitung und Finanzierung des großen Umbaus. Die kleinen

Wohnungen ohne eigenes Bad wurden zusammengelegt und jeweils mit Küche und Bad ausgestattet. Durch die Vergrößerung der Wohnungen verringerte sich die Anzahl der Bewohner*innen.

Die Stiftung bietet aktuell rund 100 Wohneinheiten mit Ein- und Zweizimmerwohnungen, die nicht barrierefrei, doch barrierearm sind. Alle Etagen sind über zwei Personenaufzüge erreichbar.

Mietvoraussetzungen sind das Alter über 65 Jahre, der Wohnberechtigungsschein und die evangelische Konfession. Der Vorstand bemüht sich in Zusammenarbeit mit der zuständigen Justizbehörde die Satzung zu überarbeiten und den Gegebenheiten anzupassen. Die Öffnung des Personenkreises und des Alters sollen ermöglichen, weiteren bedürftigen Menschen Wohnraum zur Verfügung zu stellen. Hierzu zählen junge Menschen, die in Hamburg ihre Ausbildung machen oder die sich in prekären Arbeitssituationen befinden, sowie Personen, die krankheitsbedingt vorzeitig in den Ruhestand oder in die Erwerbsunfähigkeit gehen. Eine mehr durchmischte Altersstruktur würde ein lebendiges und unterstützungsfähiges Miteinander ermöglichen.

Die Stiftung verfügt über eine schöne Gartenanlage, die zum gemeinsamen Verweilen einlädt und über mehrere Aufenthaltsräume im Gebäude. Fußläufig sind der Hammer Park sowie Einkaufsmöglichkeiten innerhalb von wenigen Gehminuten für die Bewohner*innen erreichbar.

Neu ist die intensive Kooperation mit der evangelisch-lutherischen Kirchengemeinde zu Hamburg-Hamm, die verbunden mit dem Abbau der hauseigenen Gottesdienste ist. Die Bewohner*innen werden nun regelmäßig zu den Veranstaltungen, zum Treffpunkt der Älteren und zu Gottesdiensten der Gemeinde eingeladen.

Vorstandsmitglied Lena Dietze erzählt: „Als ich als Zehnjährige von meiner Mutter mit einem Blumentopf in der Hand zum Döhnerstift geschickt wurde, um dem Ehepaar Kaehler 1955 zum Einzug ins Stift zu gratulieren, wusste ich noch nicht, welch lebenslange Verbindung sich entwickeln würde. Es gab über die Jahre hinweg eine enge Verbindung zwischen der Kirchengemeinde Borgfelde und dem Döhnerstift und damit einhergehend zwischen den Familien Dietze und Kaehler. So mag es nicht überraschen, dass ich Jahrzehnte später im Jahr 2013, auf Initiative von Inge und Hannelore Kaehler, in den Vorstand der Sophie Döhner-Hube Stiftung berufen wurde. So engagiere ich mich für das Bestehen und die Weiterentwicklung der Sophie Döhner-Hube Stiftung, für das Stift und seine Bewohner*innen."

Stiftung Anscharhöhe

Einst verlief durch das Grundstück die Hamburg-Dänische Grenze. Der dort seit 1785 stehende Grenzstein ist ein bisschen versteckt. Die Inschrift HP verweist auf die Herrschaft Pinneberg.

Im lebendigen Stadtteil Eppendorf gelegen ist die Stiftung Anscharhöhe ein Dorf inmitten der Stadt. Hier kennt man sich, lernt sich kennen und kommt leicht mit anderen ins Gespräch.

Die Anscharhöhe ist ein Ort, an dem soziale Arbeit auf der Grundlage von christlichen Werten und diakonischer Tradition gelebt wird. 1885 hat Pastor Carl Theodor Ninck der St. Anschargemeinde mit großem Engagement und finanzieller Unterstützung der Kaufmannstochter und Wohltäterin Emilie Auguste Jenisch das Gelände an der heutigen Tarpenbekstraße kaufen können, um eine Gemeinschaft zu schaffen, in der diejenigen Platz fanden, die Hilfe brauchten, ungeachtet ihrer gesellschaftlichen Stellung.

Ninck galt als rastloser Organisator diakonischer Arbeit: Er kümmerte sich um die Seelsorge, um die Ausbildung und Anstellung von Diakonissen, baute Häuser und organisierte das Miteinander. Altenpflege und Fürsorgeerziehung waren die Schwerpunkte der ersten Jahre. 1929 kam die Pflege geistig behinderter Menschen, ein Kinderkrankenhaus und ein Mütterheim hinzu.

An vielen Orten der Stiftung laden Veranstaltungen für Bewohner*innen und die Nachbarschaft zu Begegnungen ein. Auch das Café an der Kirche ist als Treffpunkt beliebt.

Schon bei ihrer Gründung zeigte sich die Anscharhöhe innovativ, war eng an die progressiven Konzepte Johann Hinrich Wicherns im Rauhen Haus angelehnt. Auch in der weiteren Geschichte blieb sie stets am Puls der Zeit: Mit der Verbindung von Landwirtschaft und Sozialarbeit und bereits in den 1970er Jahren mit überschaubaren Wohnhäusern, die Einzelzimmer für Kinder mit Behinderung bereithielten. Für die Pflege älterer Menschen wurden Anfang der 1980er Jahre kleine Appartements gebaut. Ein Schwimmbad stand über viele Jahre dem gesamten Stadtteil zur Verfügung.

Aktiv, fit und in Bewegung bleiben – verschiedene Sportangebote runden das gemeinsame Miteinander ab.

Heute dient die Stiftung Anscharhöhe der diakonischen Arbeit, der Förderung der Altenhilfe, des Wohlfahrtswesens, der Jugendhilfe und Jugendfürsorge sowie der Mildtätigkeit. Die Zielgruppe sind pflegebedürftige Menschen, denen im Carl-Ninck-Haus eine stationäre Wohneinrichtung angeboten

Ein kleines Naturparadies ist der „Garten Alma de l'Aigle“ – ein Naturdenkmal mitten auf dem Stiftsgelände. Die Familie de l'Aigle legte diesen Garten bereits 1888 mit Obst und Gemüse an. Hier gibt es Apfelbäume, wunderschöne Rosen und viele andere Blumen zu entdecken.

Die Stiftung Anscharhöhe liegt eingebettet in eine große Parkanlange, in der viele Spazierwege, idyllische Plätze, Nischen und Bänke zum Entdecken und Verweilen einladen.

wird, außerdem ein ambulanter Pflegedienst, der mit Fahrrädern auf dem Gelände sowie in Eppendorf und Umgebung unterwegs ist.

Ältere Menschen erhalten im Wohnen mit Service passgenaue Unterstützung in der eigenen Wohnung. Für Kinder, Jugendliche und Erwachsene mit Behinderung gibt es Wohn- und Assistenzangebote. Auf dem parkähnlichen Stiftungsgelände sind weitere Institutionen angesiedelt, zum Beispiel ein Wohnangebot für schwerstpflegebedürftige jüngere Menschen, eine Kindertagesstätte, ein Therapiezentrum und eine Praxis für Psychiatrie und Psychotherapie, das Zentrum für Neurodiversitätsforschung, eine Tagesmüttergruppe und natürlich die Gründerin der Stiftung, die Gemeinde St. Anschar.

Deren Kirche, ebenfalls von Emilie Auguste Jenisch gespendet, wurde am 14. April 1889 eingeweiht. Sie steht unter Denkmalschutz und trägt mit ihrem regen Gemeindeleben zum inklusiven Charakter der Anscharhöhe bei.

Die Stiftung hat sich immer auch dem Stadtteil geöffnet. Aktuell in Planung ist ein neues Begegnungszentrum bei der St. Anscharkirche – um dieses „Dorf in der Stadt" weiter ins Quartier zu öffnen, um Veranstaltungs-, Begegnungs- und Bewegungsräume zu schaffen sowie Kontakte in die Nachbarschaft zu fördern. Dieser neue Ort wird auf inklusive Weise das Thema Natur in die Stadt und Menschen im Umfeld miteinander in Kontakt bringen.

Im Dorfzentrum steht die Kirche der Gemeinde „St. Anschar". Hier haben alle Themen des Lebens ihren Platz: Ängste und Sorgen, Tod und Sterben, ebenso wie Freude, Glück und Liebe.

„In der Diakonischen Stiftung Anscharhöhe finden Menschen mit und ohne Behinderung ein Zuhause, Gemeinschaft und bei Bedarf Assistenz und Pflege. Das Bündnis für Wohnstifte ist für uns Impulsgeber und Austauschforum."
Tobias Nowoczyn, Vorstand Stiftung Anscharhöhe

Stiftung Gast- und Krankenhaus

Die Stiftung bietet Senior*innen ein Zuhause, in dem sie sich wohl und wertgeschätzt fühlen.

Erstmals im Jahre 1248 wurde das Gast- und Krankenhaus urkundlich erwähnt und als „Hamburgs Älteste Vaterländische Milde Stiftung“ bezeichnet. Das erste Haus dieser Stiftung stand vor der Stadtmauer, beim ehemaligen Millerntor, und diente der Pflege und Versorgung von Pilgernden und armen Reisenden, die keinen Einlass in die Stadt fanden. So erklärt sich auch der Name „Gast- und Krankenhaus“.

Über die folgenden Jahrhunderte hatte die Stiftung Alten- und Pflegeheime am Alsterfleet (1633–1815), am Neuen Wall (1830–1858) sowie in St. Georg an der Danziger Straße (1830–1937) betrieben, bis letzteres wegen Baufälligkeit geschlossen werden musste. Es dauerte noch bis zum Jahre 1963 bis ein neues Grundstück gefunden und die finanziell notwendigen Mittel eingeworben werden konnten, um die heutige Einrichtung am Hinsbleek in Hamburg-Poppenbüttel zu errichten.

Der steigende Bedarf an Pflegekräften in der Folgezeit führte 1984 zu einem Erweiterungsbau, und ab 1995 begann der Plan für den Anbau eines weiteren Flügels und die vollständige Neugestaltung, die der Anlage ihr heutiges Gesicht gibt. Die aktuellen Planungen beschäftigen sich mit dem Umbau des Ostflügels und sind verbunden mit einer neuen konzeptionellen Ausweitung des Angebotes.

Das Gast- und Krankenhaus ist eine Pflegestiftung und handelt in einer über 775-jährigen Tradition der Fürsorge für Menschen. Die Einrichtung ist umgeben von vielen Grünflächen und dem Alstertalpark. Das Alstertal-Einkaufszentrum und der idyllische Alsterwanderweg sind ganz nah. Aber auch auf dem Gelän-

In naher Zukunft wird die Stiftung Gast- und Krankenhaus auch kleine, altengerechte und vor allem bezahlbare Wohnungen für Senior*innen anbieten. Eine Betreuung durch den ambulanten Pflegedienst lässt sich bei Bedarf hinzuziehen. Auch eine Wohngemeinschaft für demenziell erkrankte Menschen wird zum neu erweiterten Angebot gehören.

775

Das Beschäftigungsangebot in der Stiftung Gast- und Krankenhaus bringt viel Farbe in den Alltag der meist älteren Menschen.

de befinden sich viele Gärten und Rückzugsmöglichkeiten an der frischen Luft. Mit der guten öffentlichen Verkehrsanbindung ist dieser Mix eine gesunde Basis für ein lebendiges und urbanes Miteinander.

Neue Interessen werden geweckt und liebgewonnene Gewohnheiten gepflegt: Klavierspielen, Malen, Töpfern und Singen gehören zum Programm ebenso wie ein Spaziergang mit dem Assistenzpony.

Die Stiftung Gast- und Krankenhaus bietet 145 Pflegeplätze und beschäftigt rund 130 Mitarbeiter*innen. Ziel ihrer Arbeit ist es, die Bewohner*innen je nach ihren individuellen Fähigkeiten in ihrer Selbstständigkeit zu unterstützen und ihnen mit jedem Handeln spürbar Geborgenheit zu schenken. So schafft sie ein neues Zuhause für Senior*innen, in dem sie sich wohl und wertgeschätzt fühlen.

Wenn im Alter der Aktionsradius kleiner wird, muss das nicht zu einem langweiligen Leben führen. Das Beschäftigungsangebot im Gast- und Krankenhaus bringt viel Farbe in den Alltag der meist älteren Menschen. Liebgewonnene Gewohnheiten werden ebenso gepflegt, wie neue Interessen geweckt und neue Bereiche erschlossen. Gemeinsames Singen, Malen und Töpfern oder ein Spaziergang mit dem Assistenzpony oder dem Therapiehund gehören dazu. Mit Geduld lässt sich sogar die Computermaus zähmen. Durch WLAN- und Skype-Zugänge, die mit Unterstützung des Freundeskreises des Gast- und Krankenhauses e.V. installiert wurden, wird den

Die vielen Gärten auf dem Gelände bieten Erholung und Rückzugsmöglichkeiten an der frischen Luft.

Bewohner*innen die Kommunikation mit ihren Angehörigen erleichtert. Bei allen Angeboten respektieren und achten die Mitarbeitenden den Wunsch nach Selbstbestimmung und Privatsphäre, aber sie erkennen auch die Anzeichen sozialer Isolation und lenken behutsam ein.

Und wenn im Alter die geistigen Kräfte nachlassen, hat das Team des Gast- und Krankenhauses seit Jahrzehnten Erfahrung und Empathie für die Betreuung demenziell erkrankter Menschen, denen ein umfassendes Betreuungsangebot in hierfür ausgestatteten Räumen unterbreitet wird.

„Wir sind dem Hamburger Bündnis für Wohnstifte beigetreten, um uns mit anderen Stiftungen zu vernetzen und Informationen untereinander auszutauschen. Das Bündnis erleichtert den Austausch von Informationen und die Koordination von Aktivitäten zwischen den Mitgliedern und erweitert den Einfluss in die Politik."
André Drummond, Geschäftsführender Einrichtungsleiter Gast- und Krankenhaus

Vaterstädtische Stiftung

Die Architekten der acht historischen, heute unter Denkmalschutz stehenden Stifte, zählten zu den bekanntesten ihrer Zeit. Das „Martin Brunn-Stift" hat der renommierte jüdische Architekt Alfred Löwengard errichtet, der zahlreiche Villen, Geschäftshäuser und weitere Stifte gebaut hat. Die anderen drei Stifte in Eppendorf, das „Werner Sutor-Stift", das „Julius Ernst Oppenheim-Stift" und das „Alfred und Otto Beit-Stift", sowie das „Rosenthal Altenhaus" und das „Hirsch Marcus Cohen-Stift" in Eimsbüttel errichtete die Firma „Stammann und Zinnow", deren Inhaber zu den Rathausbaumeistern gehörten. Das „Max und Mathilde Bauer-Stift" und das „Theodor Wohlwill-Stift" im Backsteinexpressionismus haben „Dyrssen und Averhoff" errichtet, die auch das Empfangsgebäude des Hamburger Flughafens gebaut haben.

Als am 23. Februar 1849 die bürgerliche Gleichstellung für Juden in Hamburg Gesetz wurde, hat sich noch am Abend aus diesem Anlass eine Gruppe von 23 angesehenen jüdischen Kaufleuten, Bankiers und Akademikern getroffen. Sie hatten sich lange in politischen Vereinen und Gesellschaften für dieses Ziel engagiert und wollten ihrer Freude nun mit einer besonderen Stiftung für Freiwohnungen Ausdruck verleihen. Ihre wesentlichen Leitideen waren vereinsmäßige Strukturen mit aktiver und passiver Mitgliedschaft, Finanzierung aus Beiträgen und Spenden, durchgehende konfessionelle Parität im Vorstand und unter den Bewohnern, Mitbestimmungsrechte aller Beteiligten und die Aufnahme von Familien mit Kindern als Bewohner.

Für die Vorbereitung dieser Stiftung wurde der „Schillingsverein für Freiwohnungen" gegründet, der dann jedoch mit seinem Satzungsentwurf auf entschiedenen Widerstand in den Behörden stieß. Mit ihren modernen sozialen und demokratischen Prinzipien waren die Gründer ihrer Zeit weit voraus und unter Revolutionsverdacht geraten. Letztlich gelang es jedoch die Widerstände zu überwinden und 1851 konnte das erste Stiftsgebäude der „Stiftung zum Andenken an die bürgerliche Gleichstellung der Israeliten" im Eichholz, nahe der Landungsbrücken, von je sechs jüdischen und christlichen Familien mit Kindern bezogen werden.

Die Gründer hatten die steigende Wohnungsnot und überteuerte Mieten als existenziell bedrohlich für den unteren Mittelstand erkannt und wollten deswegen expandieren, um mehr und mehr Menschen mit Wohnraum zu versorgen. Da die Einnahmen bei

Die Vaterstädtische Stiftung ermöglicht den Bewohner*innen eine eigenständige Lebensführung in attraktiven Wohnlagen, hier in der Kielortallee in Eimsbüttel.

den steigenden Baukosten für einen Neubau nicht ausreichten, wurden bestehende Wohnhäuser gekauft und für Stiftungszwecke umgebaut. Unter dem neuen Namen „Vaterstädtische Stiftung vom Jahre 1876" und mit modifizierter Satzung konnte auf diesem Weg 1879 das „Stift Grabenstraße" in St. Pauli Nord und 1888 das „Stift Baustraße" in Borgfelde bezogen werden.

Aufgrund der geänderten Nachfrage wurden vor allem ältere Ehepaare und alleinstehende ältere Frauen aufgenommen, Familien bemühten sich in jener Zeit eher um eine Aufnahme in die zahlreichen, neu entstandenen Genossenschaftsbauten. Auch war die Wohnungsanfrage von jüdischen Interessenten rückläufig, denn Juden zogen auch in die neu entstandenen jüdischen Wohnstiftungen. Die Bewerberliste um Wohnungen in der „Vaterstädtischen Stiftung vom Jahre 1876" wuchs dennoch unverändert und es wurde dann nach dem Prinzip des heutigen

Das Martin Brunn-Stift in Eppendorf (oben) und die Wohngebäude in Eimsbüttel (rechts) sind entsprechend heutiger Wohnansprüche modernisiert und verfügen über Fahrstühle.

Fundraising um neue Mitglieder und Spender geworben, was ausgesprochen erfolgreich lief. So konnte 1899 in der Tornquiststraße in Eimsbüttel ein Neubau von den ersten Bewohnerinnen bezogen werden, das heutige „Hirsch Marcus Cohen-Stift". Das Werben um weitere Unterstützung war so erfolgreich, dass um 1910 eine Zahl von 1.320 Mitgliedern erreicht wurde, die ihre regelmäßigen Beiträge, aber auch unregelmäßige Spenden leisteten.

In der Kielortallee in Eimsbüttel befinden sich diese Backsteinbauten aus den 1920er Jahren im Stil des Neuen Bauens errichtet.

Die Mitgliederliste liest sich wie das „Who is Who" des Hamburger Bürgertums und der Wirtschaftselite jener Zeit, in die Vertreter führender jüdischer und christlicher Familien, große Firmen wie auch bedeutende Vereine und Gesellschaften eingetragen waren. Trotz der zurückgegangenen Anzahl jüdischer Bewohner blieb die herausragende Spendenbereitschaft aus dem jüdischen Bürgertum ungebrochen. Auch konnten nur dank der großzügigen Testamente von dieser Seite bei den weiter steigenden Baukosten Neubauten realisiert werden: Auf dem großen Eckgrundstück Schede-/Frickestraße in Eppendorf wurde 1906 das heutige „Werner Sutor-Stift", 1909 das „Julius Ernst Oppenheim-Stift" und 1910 das „Alfred und Otto Beit-Stift" errichtet und als viertes Stift seit 1905 das „Martin Brunn-Stift" verwaltet. In der Kielortallee in Eimsbüttel wurde 1909 das „Rosenthal Altenhaus", 1927 das „Max und Mathilde Bauer-Stift"

Ruhige Wohnumgebung mit weiträumigen Gärten bieten die beiden in Fuhlsbüttel gelegenen Stifte.

und 1930 das „Theodor Wohlwill-Stift" errichtet. Mit Bezug des letzten Neubaus war die nunmehr in „Vaterstädtische Stiftung" umbenannte Stiftung mit elf Gebäuden und über 500 Wohnungen die größte ihrer Art, womit sich das anfänglich so kritisierte Konzept eindrücklich bestätigt hatte. Ermöglicht wurde dieses durch die Spendenbereitschaft jüdischer Bürger, die sich ohne Berücksichtigung der Konfession für Wohnungssuchende engagierten. Dem Vorstand gehörten zu der Zeit fünf Juden und fünf Christen an, angesehene Juristen, Bankiers und Kaufleute, sowie eine jüdische und eine christliche Frau.

Blick ins Treppenhaus, Eingang in der Schedestraße, Eppendorf

Der tiefe Einschnitt in diese Erfolgsgeschichte erfolgte unter dem Nationalsozialismus mit seiner antisemitischen Rassenpolitik und der stetig forcierten Verfolgung jüdischer Menschen. Als paritätische Stiftung wurde die „Vaterstädtische Stiftung" 1938/39 „arisiert", mit weitreichenden, tragischen Folgen. So mussten vier der Vorstandsmitglieder, die sich jahre- beziehungsweise jahrzehntelang für die Stiftung eingesetzt hatten und deren Vorfahren zu den Gründern gehörten, ihre Ämter niederlegen. Ebenso mussten alle jüdischen Bewohner umgehend ausziehen. Eine weitere Konsequenz der oktroyierten Maßnahmen war die Aufspaltung der Stiftung. Das „Martin Brunn-Stift" und zwei weitere paritätische Stiftungen, zu denen stets vielfältige, enge Beziehungen bestanden hatten, das „Mendelson-Israel-Stift" im Kurzen Kamp in Fuhlsbüttel und das „John Rudolph Warburg-Stift" in der Bundesstraße in Eimsbüttel, wurden als sogenannte „Judenhäuser" missbraucht. Hier, wie in die übrigen

Zur Vaterstädtischen Stiftung gehören zehn Wohnanlagen an drei Standorten: in Eppendorf, Eimsbüttel und Fuhlsbüttel, hier zu sehen ist die Wohnanlage in der Schedestraße in Eppendorf.

„Judenhäuser" in der Stadt wurden mehr und mehr Menschen mit ihrem letzten Hab und Gut eingewiesen. Die völlig überbelegten Wohnungen wurden zu ihren letzten Wohnorten vor den Deportationen in die Konzentrationslager. Kaum jemand hat überlebt. Heute erinnern Stolpersteine an die jüdischen Menschen, die ursprünglich in den Stiftsgebäuden gelebt haben.

Nach dieser Menschheitstragödie gestaltete sich ein Neuanfang 1945 für die „Vaterstädtische Stiftung" schwierig. Umgehend wurde zunächst die alte Satzung der Stiftung wieder in Kraft gesetzt mit ihrem demokratischen Wahlverfahren für den Vorstand. Gewählt wurden dann Überlebende der Konzentrationslager, die hier auf verbliebene, langjährige Mitglieder aus der Zeit vor 1933 trafen, aber auch auf eine Person, die nach der „Arisierung" von den NS-Behörden eingesetzt worden war. Es waren viele Herausforderungen aufgrund der menschlichen Tragödien während der NS-Zeit und den daraus resultierenden Folgen zu bewältigen. Dazu kam, dass das „Stift Baustraße" und das „Stift Grabenstraße" durch Bomben völlig zerstört waren, und die Finanzlage äußerst angespannt war. Deswegen wurde das erste Stift im Eichholz verkauft, das noch heute in Privatbesitz ist. Über die folgenden Jahrzehnte gelang es jedoch, die „Vaterstädtische Stiftung" über alle Widrigkeiten hinweg wieder auf ein solides Fundament zu stellen und ihre Aufgaben so, wie von den Gründern beabsichtigt, zu erfüllen. Die „Vaterstädtische Stiftung" hat an ihren drei Standorten heute zehn Stifte mit einem Bestand von 428 Wohnungen. Das „John R. Warburg-Stift" und das „Paul Wohlwill-Stift" im Kurzen Kamp in Fuhlsbüttel sind anstelle der wegen Baufälligkeit vor einigen Jahrzehnten abgerissenen Vorgängerbauten errichtet worden. Die den heutigen Ansprüchen angepassten Wohnungen sind aufgrund ihrer Einbindung in die Stadtteile gefragt und sind mit ihren großen Grünanlagen Orte der Erholung für die Bewohner*innen.

Die weitläufigen Gärten der Wohnanlagen in Eppendorf werden gerne von den Bewohner*innen genutzt.

von Nyegaard-Stiftung

Das von Nyegaard-Stift in der heutigen Max-Brauer-Allee in Altona ist eine Wohnanlage für Frauen. Diese wurde in den Jahren 1899 bis 1901 als Damenstift errichtet. Die Stifterin Hedwig Magdalena Henriette von Nyegaard war nicht nur eine kluge, bescheidene, gut wirtschaftende Frau, sondern auch eine sehr aufmerksame Beobachterin ihrer Umgebung, mit großem Weitblick und sehr sozial engagiert.

Knapp ein Jahr nach ihrem Tod wurde am 17. April 1899 in Berlin die von Nyegaard-Stiftung von Kaiser Wilhelm II. genehmigt. Die Legatin hatte den Namen der Stiftung selbst festgelegt. Der Vorstand, der aus drei angesehenen Altonaer Persönlichkeiten bestand, veranlasste die Auslobung eines Architekturwettbewerbes im ganzen Deutschen Reich, wobei es konkrete Vorgaben gab: Die Bausumme war mit 250.000 Mark, die Anzahl der Wohnungen mit zirka 50 festgeschrieben. Die Wohnungen sollten jeweils zwei Zimmer, ein Wohn- und ein Schlafzimmer haben, eine Küche sowie ein Klosett mit Fenster und Wasserspülung. Ebenso war vorgegeben, dass die Wohnungen für die älteren Damen gut begehbar sein sollten, das wurde durch tiefe, bequeme Treppenstufen umgesetzt.

Die historische Fotoaufnahme (um 1905) zeigt die Größe und Kompaktheit der als Damenstift errichteten dreiflügeligen Wohnanlage in der ehemaligen Allee, der heutigen Max-Brauer-Allee.

Die Entscheidung fiel für den Entwurf der Berliner Architekten Eugen Kühn und Paul Baumgarten. Das Damenstift wurde im Stil der Neorenaissance als eine geschlossene Dreiflügelanlage erbaut, bestehend aus 13 Häusern, die einen parkartigen Hof umschließen. Durch Balkone, Loggien und Terrassen wurde der Anlage der Charakter eines Stiftsgebäudes genommen, ohne dass seine monumentale Wirkung verloren ging. Der mit Muschelkalk versehene Putzbau fügt sich sehr schön in die Silhouette der weiteren Putzbauten in der Allee ein.

Durch die Inflation nach Ende des Ersten Weltkrieges ging das Vermögen der von Nyegaard-Stiftung verloren. Die Kriegsjahre bedeuteten für die Bewohnerinnen und die Stiftung große Einschnitte. Da die Frauen sehr gern im Stift lebten, übernahmen sie seitdem einige Arbeiten selbst, wie Treppenhausreinigung und die Pflege der Blumenrabatten vor den

Durch die umfassend behutsame Sanierung hat das Ensemble seine angenehme Patina behalten. Auffällig und gelungen sind die Steinmetzarbeiten um den Hauseingang und die links und rechts davon befindlichen, restaurierten Kandelaber.

Das von Nyegaard-Stift steht unter Denkmalschutz, der große Hof hat sich über die Jahrzehnte zu einer Parklandschaft entwickelt. Darin „versteckt" sich das Haupthaus, die Mitte der Wohnanlage.

Hedwig Magdalena Henriette von Nyegaard (1812–1898) entstammte einer wohlhabenden Familie. Der Grundstock ihres Vermögens wurde vom Vater vererbt und in ihrem 86-jährigen Leben selbst stark vermehrt, indem sie die Familiengeschäfte weiterführte. Diese bestanden aus Pachtverträgen der in großer Anzahl vorhandenen Ländereien der Familie in Nordfriesland und dem Geldverleih. 51 Jahre verbrachte Hedwig von Nyegaard im Witwenstand. Ihr Millionenvermögen, so war es ihr Wunsch, sollte dort eingesetzt werden, wo sie einen wirklichen Notstand erkannt hatte: in der Fürsorge für verdienstvolle Frauen „gebildeter Stände", die im Alter oft in schlechten finanziellen Verhältnissen leben mussten. Für diese Frauen wollte sie ein beschütztes Zuhause schaffen, wo sie sorglos und bequem in Frieden leben konnten – dies hielt sie testamentarisch fest.

Häusern. Diese Tradition wird von den Frauen der Gartengruppe bis heute übernommen.

Während des Zweiten Weltkriegs nahm die Wohnanlage großen Schaden. Danach wurde diese mit einfachsten Mitteln, der Zeit und dem wenigen Geld der Stiftung geschuldet, wieder instand gesetzt. In den ausgebrannten Häusern 4 und 5 befinden sich keine Kassettentüren und Pitchpine-Böden. Die ehrenamtlich arbeitenden Vorstände konnten den Gebäudekomplex ohne grundlegende Sanierung bis in das Jahr 2000 führen, dann war der Verfall unübersehbar.

Vom Ostflügel der Blick aus dem ersten Obergeschoss in den Garten und auf das gegenüberliegende Wohngebäude.

Nach einem Gutachten, das Ensemble mit Mitteln des sozialen Wohnungsbaus sanieren zu können, wurde es 2004 unter Denkmalschutz gestellt und in den Jahren 2009 bis 2012 umfassend saniert. Der amtierende Vorstand, Ulrich Walter, Evelin Schroeder-Wiese, Heinrich-Holger Kläschen hatte das Vorhaben auf den Weg gebracht, stark unterstützt und gefördert durch die Wichern Bau- und Betreuungsgesellschaft und die Hermann Reemtsma Stiftung. Der Architekt Johann-Christian Kottmeier führte die Arbeiten sehr behutsam durch. So haben alle alten Bauteile ihre zeitgemäße Wiederverwendung gefunden und verleihen der Anlage eine angenehme Patina. Die Handwerker wurden vor Ort und aus der Umgebung gewonnen wie bereits zur Errichtung der Wohnanlage.

Die ursprünglichen Wünsche der Stifterin wurden an die zeitgemäßen Bedingungen angepasst: Mit dem Ausbau der Dachböden entstanden 22 barrierefreie zusätzliche Wohnungen, teilweise sogar rollstuhlgerecht. In den Treppenhäusern wurden Aufzüge eingebaut und ein zusätzlicher Handlauf angebracht.

Die Gemeinschaftswohnung nutzen die Frauen für Veranstaltungen, Ausstellungen und Treffen unterschiedlichster Art. Es wird gekocht, geklönt, gespielt, gemalt, in der dunklen Jahreszeit werden auch Filme gezeigt.

In Gedenken an Hedwig von Nyegaard wurde der Stiftsgedanke weiterentwickelt. Vorsorgebelastungen minimieren soll die seit Mai 2017 auf dem Friedhof Diebsteich befindliche Gemeinschaftsgrabstätte, die von den im Stift lebenden Frauen gepflegt wird.

Detailreich sind die Steinmetzarbeiten aus Sandstein, markant sind die noch originalen Holztüren.

Hedwig von Nyegaard hatte für ein sorgenfreies Leben der Stiftsdamen testamentarisch verfügt, dass die Miete günstig, die Treppenhausreinigung und der Strom kostenfrei waren sowie die Kohlen zum Heizen und jährlich eine bare Zuwendung von 500 Mark jeder Frau auszuhändigen sei. Der Vorstand überreichte dieses Geldgeschenk jährlich zum Weihnachtsfest.

Wilhelm Carstens Gedächtnis-Stiftung

Die Wilhelm Carstens Gedächtnis-Stiftung wurde 1960 durch die Freie und Hansestadt Hamburg gemäß dem Testament des Wilhelmsburger Unternehmers Wilhelm Antony Carstens errichtet. Das „Wilhelm Carstens Altenheim" sollte der Erinnerung an den im Zweiten Weltkrieg verstorbenen gleichnamigen Sohn von Wilhelm Carstens dienen.

Wilhelm Carstens hatte sich mit seinen Verwandten derart überworfen, dass er sein Vermögen an wenige ausgewählte Personen verteilte und im Übrigen der Stadt Hamburg für den Bau des Wohnstifts ver-

Die Seniorenwohnanlage liegt im sich eindrucksvoll entwickelnden Stadtteil Wilhelmsburg.

erbte. In der dem Testament vorangestellten Erklärung heißt es: „Infolge des Kriegstodes meines Sohnes sind meine Frau und ich ohne unmittelbare Nachkommen. Würde ich nun für die Verteilung meines Nachlasses Verwandte bedenken, wie es vielfach üblich ist, dann würde diesen Verwandten ein recht ansehnliches Vermögen in den Schoss fallen. Die Beziehungen zwischen den eventuell in Betracht kommenden Verwandten, die gegenseitig bestehen, rechtfertigen es aber nicht, daß die Frucht meiner harten Lebensarbeit auf diese Personen fällt."

Als der Stifter Wilhelm Carstens die Entscheidung traf, sein Vermögen für die Errichtung einer Seniorenwohnanlage im Stadtteil Wilhelmsburg zur Verfügung zu stellen, war dieser Stadtteil industriell geprägt. Im-

Im Speisesaal wird gespielt, geklönt und Sport getrieben.

„Er war ein wahrer Querkopf", schreibt Vorstandsvorsitzender Hans-Peter Strenge in der Stiftungsbroschüre über **Wilhelm Carstens**. Er betrieb in Wilhelmsburg eine Lack- und Isoliermaterialstoffe-Fabrik mit bis zu 750 Angestellten. Zielstrebigkeit und ein hohes Selbstbewusstsein bis hin zum Eigensinn kennzeichnen sein Leben. So vermachte er testamentarisch Teile seines Vermögens der Stadt Hamburg für die Errichtung eines „Altenheims". Zugleich setzte er voraus, „dass der Hamburger Staat das hierfür erforderliche Grundstück kostenlos zur Verfügung stellt".
Seine Hartnäckigkeit zeigte Wirkung und zwei Jahre nach seinem Tod errichtete die Freie und Hansestadt Hamburg die Stiftung. 1963 wurde das „Altersheim" eingeweiht – ein erfolgreiches „Public Private Partnership"- Projekt in einer Zeit, in der es dieses Wort noch gar nicht gab!

mer mehr Hochhaussiedlungen, hohe Arbeitslosigkeit und verfallene Fabrikgebäude machten ihn in den Jahren danach zu einem Hamburger „Problemfall".

Die eindrucksvolle städtebauliche Entwicklung, die Wilhelmsburg insbesondere im Rahmen der Internationalen Bauausstellung bis 2013 genommen hat, war damals kaum vorstellbar. Von den Verbesserungen der Wohn- und Freizeitqualität zum Beispiel durch den Inselpark und die Kanal-Neugestaltung Rathauswettern profitieren heute die Bewohner*innen des Carstens-Stifts.

Zentrales Anliegen des Stifters war es, „in erster Linie unbescholtene, mittellose und verlassene alte Ehepaare oder Einzelpersonen (...), die nicht mehr einsatzfähig sind, aufzunehmen" und diesen Menschen eine bezahlbare Wohnung zur Verfügung zu stellen. Dies erfüllt die Stiftung bis heute. 155 Wohnungen für Senior*innen mit geringem Einkommen bietet die Servicewohnanlage der Wilhelm Carstens Gedächtnis-Stiftung an. Die Mieterschaft setzt sich aus Menschen mit vielfältigsten Lebensgeschichten zusammen und ist so ein Abbild der lebendigen Elbinsel. Jährlich öffnet die Seniorenwohnanlage im Rahmen von „48h Wilhelmsburg", einem großen dreitägigen Musikevent auf der Elbinsel, ihre Türen für Bands und Chöre aus dem Stadtteil und Musikliebhaber*innen aus ganz Hamburg.

Zu Beginn der 1980er Jahre wurde deutlich, dass die zwanzig Jahre alten Wohnungen nicht mehr dem Standard entsprachen. Insbesondere die im Keller befindlichen Gemeinschaftsduschen waren längst nicht mehr zeitgemäß und die Zahl der Bewerber*innen um eine Wohnung ging zurück. 1986/87 wurde die Anlage schließlich umgebaut und modernisiert, und die Nachfrage stieg wieder an.

Dem Stifter **Wilhelm Carstens** wurde posthum eine große Ehre zuteil: Eine kleine Straße in Wilhelmsburg angrenzend an seine Seniorenwohnanlage wurde 1967 in „Wilhelm-Carstens-Weg" umbenannt.

Von 2016 bis 2017 modernisierte die Stiftung zwei Drittel der Wohnungen gemäß den Anforderungen der „Wohn- und Betreuungsbauverordnung" der Stadt Hamburg. Im Zuge dessen wurden mit Förderung der IFB Hamburg 95 Wohnungen soweit technisch möglich barrierefrei umgebaut und energetisch modernisiert.

Da das Grundstück in der Rotenhäuser Straße Möglichkeiten zur Nachverdichtung bietet, prüft die Stiftung derzeit, ob in Kooperation mit anderen Stiftungen noch ein Ergänzungsbau errichtet werden kann.

Die Wilhelm Carstens Gedächtnis-Stiftung kooperiert mit vier weiteren Stiftungen: mit der Alida Schmidt-Stiftung, der Flutopfer-Stiftung von 1962, der Georg und Emma Poensgen-Stiftung und der Hamburger Stiftung Wohnen und Teilhabe. Die fünf gemeinnützigen Stiftungen werden von einem gemeinsamen Vorstand, einer Geschäftsführerin und einer Hauptverwaltung aus geleitet, sind weiterhin rechtlich und wirtschaftlich unabhängig voneinander.

24

Wikimedia commons: 56, 65o, 73

Wilhelm Carstens Gedächtnis-Stiftung: 216/217, 217r (Fotograf: Tim Hoppe), 218 (aus Broschüre)

www.Hamburg-Bildarchiv.de: 174, 212

Zeichnung aus: Zeitschrift für Jüdische Familienforschung, Heft 108: 178

Impressum

HAMBURGER BÜNDNIS FÜR WOHNSTIFTE

Titelfotos v.l.n.r.
Vaterstädtische Stiftung, Hartwig-Hesse-Stiftung, Sophie Döhner-Hube Stiftung, Anna Büring Testament, Amalie Sieveking-Stiftung, Georg-Behrmann-Stiftung

Bibliografische Information der Deutschen Nationalbibliothek
Die Deutsche Nationalbibliothek verzeichnet diese Publikation in der Deutschen Nationalbibliografie; detaillierte bibliografische Daten sind im Internet über http://dnb.d-nb.de abrufbar.

ISBN 978-3-8319-0871-4

Diese Publikation entstand anlässlich des fünfjährigen Bestehens des Hamburger Bündnisses für Wohnstifte.

Die Partner im Hamburger Bündnis für Wohnstifte haben die Publikation ermöglicht.

Titelfotos: Michael Zapf, Hamburg

Redaktion: Sabine Natebus, Hamburger Bündnis für Wohnstifte
Gestaltung: BrücknerAping Büro für Gestaltung, Bremen
Gesamtherstellung: Florjancic tisk printing house, Maribor/Slowenien

www.ellert-richter.de
www.facebook.com/EllertRichterVerlag
www.instagram.com/ ellert_richter_verlag

KEITEL-STIFT

Anhang

Bildlegenden

Seite 220/221: Die Carl-Toepfer-Stiftung unterhält und pflegt die Wohnanlage Peterstraße/Neanderstraße/Hütten in der Hamburger Neustadt mit überwiegend kleineren Wohnungen, die um einen grünen Innenhof mit wundervoll angelegten Gärten liegen.

Seite 222/223: Die Leja-Stiftung in Altona ist ein idyllisches Kleinod, zwischen dem quirligen Schanzenviertel und St. Pauli gelegen. Blick auf die in der Gründerzeit errichteten Backsteinbauten, die unter Denkmalschutz stehen.

Seite 224/225: Das Portal des „Kleinen Schlosses von Barmbek", wie das Keitel-Stift auch liebevoll von den Anwohner*innen und Bewohner*innen genannt wird.

Verzeichnis aller Partner im Hamburger Bündnis für Wohnstifte

A

Albert Hackmann-Stiftung
(Bürgermeister Albert Hackmann Gotteswohnungen)
Schedestr. 11
20251 Hamburg

Alida Schmidt-Stiftung
Hauptverwaltung
Hamburger Straße 152
22083 Hamburg
www.alida.de

Amalie Sieveking-Stiftung
Stiftstraße 65
20099 Hamburg
www.sieveking-stiftung.de

Anna Büring Testament
Greflingerstraße 5
22299 Hamburg

Auguste-Viktoria-Stiftung
Elbchaussee 88
22763 Hamburg
www.diakonie-alten-eichen.de/
auguste-viktoria-stiftung

B

Benno und Inge Behrens-Stiftung
Barmbeker Straße 2
22303 Hamburg
www.behrens-stiftung.de

Bruno von Schröder-Stiftung
Freiherr Bruno von Schröder Stiftung
c/o HAUS DES STIFTENS
Landshuter Allee 11
80637 München
www.schroederverband.de

Bürgermeister Joachim vom Kampe Stiftung & Nicolas van den Wouwer Gotteswohnungen
Schedestraße 18–24 F
20251 Hamburg
Verwaltung über:
Hinsch & Völckers KG (GmbH & Co.)
Ballindamm 13
20095 Hamburg
www.hinsch-voelckers.de

C

Carl-Toepfer-Stiftung
Peterstraße 28
20355 Hamburg
www.carltoepferstiftung.de

Diakonissenanstalt Alten Eichen
Ev.-Luth. Diakonissenanstalt Alten Eichen in Hamburg
Gemeinnützige Stiftung
Wördemanns Weg 19–23
22527 Hamburg
www.diakonie-alten-eichen.de

E

Edgar und Nina Kummerfeldt Stiftung
Peutestraße 69
20539 Hamburg
www.kummerfeldt.foundation

Else Voss Stiftung
Sülldorfer Brooksweg 115
22559 Hamburg
www.else-voss-stiftung.de

Evangelisch-reformierte Stiftung Altenhof
Winterhuder Weg 98
22085 Hamburg
www.stiftung-altenhof.de

F

Flutopfer-Stiftung von 1962
Hauptverwaltung
Hamburger Straße 152
22083 Hamburg
www.alida.de

Friedrich und Louise Homann-Stiftung
(kein Wohnungsbestand)
Kleine Reichenstraße 20
20457 Hamburg
www.homann-stiftung.de

G

Georg-Behrmann-Stiftung
Justus-Brinckmann-Straße 60
21029 Hamburg
www.georg-behrmann-stiftung.de

Georg und Emma Poensgen-Stiftung
Hauptverwaltung
Hamburger Straße 152
22083 Hamburg
www.alida.de

Günter und Lieselotte Powalla Stiftung
Ahrensburger Straße 138
22045 Hamburg
(ab 1.8.2025: Nonnenstieg 1, 20149 Hamburg)
www.powalla-stiftung.de

H

Hamburger Stiftung Wohnen und Teilhabe
Hauptverwaltung
Hamburger Straße 152
22083 Hamburg
www.alida.de

Hartwig-Hesse-Stiftung
Zentralverwaltung
Alexanderstraße 29
20099 Hamburg
www.hartwig-hesse-stiftung.de

Heerlein- und Zindler-Stiftung
Zentralverwaltung
Alexanderstraße 29
20099 Hamburg
www.hartwig-hesse-stiftung.de

Heinrich und Caroline Köster Testament-Stiftung
Meisenstraße 25
22305 Hamburg
www.koester-stiftung.de

Heinrich Schmilinsky Stiftung
Mörikestraße 32
22587 Hamburg
www.schmilinsky-stiftung.de

Hildegard und Horst Röder-Stiftung
Weg beim Jäger 149
22453 Hamburg
www.roeder-stiftung.de

Hiobs-Hospital
Verwaltung
Papenstraße 35
22089 Hamburg
www.pro-stiftung.de

Hospital zum Heiligen Geist
Hinsbleek 11
22391 Hamburg
www.hzhg.de

J

Johann August Gärtner Stiftung
Wohnungsbaugenossenschaft
KAIFU-NORDLAND eG
Kieler Straße 131
22769 Hamburg
www.kaifu.de

Johann Carl Müller-Stiftung
Stiftungsverwaltung
Saseler Chaussee 135
22393 Hamburg
www.jcm-stiftung.de

Joh. Heinr. Schröder's mildthätige Stiftung
Kiwittsmoor 26
22417 Hamburg
www.schroederstift.de

K

Karla und Alfred W. Adickes-Stiftung
Grotenbleken 2
22391 Hamburg
www.adickes-stiftung.de

Keitel-Stiftung
Zentralverwaltung
Alexanderstraße 29
20099 Hamburg
www.hartwig-hesse-stiftung.de

L

Leja-Stiftung
Thadenstraße 120–122
22767 Hamburg
kontakt@leja-stiftung.de

Mara und Holger Cassens-Stiftung **M**
Van-der-Smissen-Str. 2
22767 Hamburg
www.cassens-stiftung.de

Martha Stiftung
Geschäftsstelle
Eilbeker Weg 86
22089 Hamburg
www.martha-stiftung.de

Mathilden-Stift
Tarpenbekstraße 33
20251 Hamburg

Matthias-Stift
c/o Wohnen in Vielfalt, Hamburg e.V.
Winterlindenweg 71
22297 Hamburg

Mika Rothfos-Stiftung
Vogt-Kölln-Straße 155
22527 Hamburg

PRO Stiftung und Professor Friedrich Hollenbach-Stiftung **P**
Verwaltung
Papenstraße 35
22089 Hamburg
www.pro-stiftung.de

St. Gertrud-Stift **S**
Zentralverwaltung
Alexanderstraße 29
20099 Hamburg
www.hartwig-hesse-stiftung.de

Sophie Döhner-Hube Stiftung
Quellenweg 1
20535 Hamburg
www.sophiedoehnerhube-stiftung.de
Verwaltung über:
Otto Lemke Immobilien oHG
Hamburger Straße 132
22083 Hamburg

Stiftung Anscharhöhe
Tarpenbekstraße 107
20251 Hamburg
www.anscharhoehe.de

Stiftung Gast- und Krankenhaus
Hinsbleek 12
22391 Hamburg
www.gast-und-krankenhaus.de

Stiftung Jochimsthal
Wentorfer Str. 50
21029 Hamburg

Stiftung Ros
Rehhoffstraße 1
20459 Hamburg
www.stiftungros.org

V

Vaterstädtische Stiftung
Verwaltung
Kielortallee 25
20144 Hamburg
www.vaterstaedtische-stiftung.de

von Nyegaard-Stiftung
Max-Brauer-Allee 127
22765 Hamburg
www.nyegaard-stiftung.de
Verwaltung über:
Wichern Betreuungsgesellschaft mbH
Winterhuder Weg 29
22085 Hamburg

Wilhelm Carstens Gedächtnis-Stiftung
Hauptverwaltung
Hamburger Straße 152
22083 Hamburg
www.alida.de

W

Wilhelm Dähn Stiftung
Hobökentwiete 36–46
22559 Hamburg
www.wilhelm-daehn-stiftung.de
Verwaltung über:
Moll & Moll Zinshaus GmbH
Waitzstraße 18
22607 Hamburg

HAMBURGER BÜNDNIS FÜR WOHNSTIFTE

Bleiben Sie über das Hamburger Bündnis für Wohnstifte, seine Mitglieder und Aktivitäten informiert unter www.hamburger-wohnstifte.de

Gründungserklärung Hamburger Bündnis für Wohnstifte

Mit Respekt vor den Leistungen und dem Engagement von Hamburger Bürger*innen, die zum Teil seit Jahrhunderten durch die Gründung von Wohnstiften dem Gemeinwohl dienten, möchten wir, die Verantwortlichen in Hamburger Wohnstiften, deren Ziele weiterverfolgen. Wie die Stifter*innen haben wir dabei die soziale Wohnraumversorgung im Fokus. Wir wollen die damit verbundenen aktuellen Herausforderungen angehen, neue Perspektiven erarbeiten und verbreiten.

In dem Bewusstsein, dass jede einzelne Stiftung in ihrer Satzung, ihrer Organisation und Arbeitsweise eigene besondere Herangehensweisen mitbringt, stehen wir für die gewachsene Vielfalt zivilgesellschaftlichen Engagements. Als Identifikationsorte mit Tradition beteiligen wir uns am Gemeinwohl in unserer Stadt. Wir beziehen die Ziele des Denkmalschutzes ein.

In Kenntnis der gesellschaftlichen Entwicklungen (demografischer Wandel, Altersarmut und Verknappung von preiswertem Wohnraum) wollen wir die Existenz der Hamburger Wohnstifte sichern, sie in ihrer Vielfalt erhalten und bei Bedarf erweitern. Wir passen die Gebäude und die sozialen Dienstleistungen an aktuelle Wohnbedürfnisse und bauliche Anforderungen an. Wir unterstützen Aktivitäten, die dazu führen, dass die Angebote ausgebaut werden können.

Mit der Erfahrung eines Akteurs, der über Jahrhunderte Leistungen im Sinne des Gemeinwohls erbracht hat, gehen wir auf die Verantwortlichen der Stadt zu und bieten den beteiligten Fachbehörden und Bezirksämtern die Zusammenarbeit an. Damit wollen wir eine gute Grundlage schaffen, um die dem Gemeinwohl dienende Arbeit der Wohnstifte fortzuführen. Wir erwarten von den Verantwortlichen der Stadt Hamburg Unterstützung und gehen davon aus, dass die besonderen Bedingungen der gemeinnützigen Stiftungen berücksichtigt werden.

In dem Bestreben, sich als Stiftung weiterzuentwickeln und voneinander zu lernen, intensivieren wir die Zusammenarbeit und den Austausch untereinander. Dazu wollen wir gegenseitige Unterstützungs- und Beratungsmöglichkeiten etablieren – einfache und niedrigschwellige Arbeitsformen und Austauschmöglichkeiten.

Mit der Zuversicht, dass ein breiter, auf Dauer angelegter Zusammenschluss vieler und unterschiedlicher Akteure öffentlich Einfluss nehmen und für bessere Bedingungen der gemeinnützigen Wohnstifte sorgen kann, schließen wir – die Vertreter*innen Hamburger Wohnstifte – uns zusammen und gründen:

Das Hamburger Bündnis für Wohnstifte

Unter Berücksichtigung der gegebenen Strukturen und zukünftigen Möglichkeiten bleibt das Bündnis zunächst ohne formaljuristischen Rahmen und organisiert sich in Form einer Initiative. Mitarbeiten in dem Bündnis können alle gemeinnützigen Hamburger Stiftungen, die Wohngebäude besitzen bzw. betreiben. Das Bündnis ist offen für Stiftungen, die ihre Mittel im Wohnungsbau einsetzen wollen oder andere Stiftungen dabei unterstützen wollen.

In dem Vertrauen auf gegenseitige Wertschätzung erklären die Stiftungen ausdrücklich ihre Zugehörigkeit zu dem Bündnis und setzen sich für die formulierten Ziele tatkräftig ein. In der Regel trifft sich das Bündnis zweimal im Jahr. Zusätzlich werden in Arbeitsgruppen Themen erarbeitet und Projekte entwickelt.

Mit der Absicht die kontinuierliche Arbeit und Erreichbarkeit des Bündnisses sicherzustellen, wird eine Geschäftsstelle eingerichtet. Neben regelmäßigen Sprechzeiten für Vertreter*innen der Wohnstifte werden hier u.a. Informationen gesammelt, weitergegeben und nutzbar gemacht, Veranstaltungen geplant und Beratungen vermittelt. Weiterhin wird eine Geschäftsordnung erarbeitet. Neben dem kollegialen Austausch bieten sich Vertreter*innen des Bündnisses insbesondere als Ansprechpartner*innen für Verantwortliche in Politik und Verwaltung an.

Alle Informationen finden Sie unter www.hamburger-wohnstifte.de

Bildnachweis

Alle Fotografien stammen von Michael Zapf, außer die folgenden Abbildungen:

Adickes-Stiftung / Fotograf Dieter Köhn: 170
Agentur des Rauhen Hauses, Hamburg: 65u
Alida Schmidt-Stiftung / Fotograf: Tim Hoppe: 95o
Amalie Sieveking-Stiftung: 100
Archiv Hatje, Hamburg: 30
Archiv Schwarz: 68, 69o
Behrens-Stiftung: 104
Eissenhauer, Wohnstifte, Rückentitel oben; Original in StAHH Plankammer 141-13:7/429.1: 55
Eissenhauer, Wohnstifte, S. 38, Abb. 25: 37r
Eissenhauer, Wohnstifte, S. 70 Abb. 91, reproduziert aus Wendt/Kappelhoff: Hamburgs Vergangenheit und Gegen wart, Bd. 1, Hamburg 1896, S. 216: 35
Eissenhauer, Wohnstifte, Titelbild; Original StAHH Plankammer 141-21:7/1392: 50/51
Else Voss Stiftung: 112
Flutopfer-Stiftung von 1962: 117o
Frederika Hoffmann Fotografie: 9, 15, 17
Gabrielsson, Gottesbuden, S. 65, Abb. 3; Original in StAHH Plankammer 131-7:80/31.2: 37l
Hamburger Stiftung Wohnen und Teilhabe / Fotograf: Tim Hoppe: 132, 133, 135
Hartwig-Hesse-Stiftung: 136, 138
Heerlein- und Zindler-Stiftung: 143u
Heinrich und Caroline Köster Testament-Stiftung: 148o (beide)
Hildegard und Horst Röder-Stiftung: 156
Jaacks, Gesichter und Persönlichkeiten, S. 219; Original im Museum für Hamburgische Geschichte Best.-Nr. 1931/188: 46
Jan Klinker Architekten GmbH: 157
Martha Stiftung: 184
Petrus Schenck: Effigies praecipuorum aedificiorum publico rum urbis Hamburgi, Amsterdam 1715: 33
Schwarz, Angela, Hamburg: 76/77
Senatskanzlei Hamburg / Jan-Niklas Pries: 20
Staatsarchiv Hamburg: 64l, 64r, 76l
Stein, Lazarus Gumpel und seine Stiftung für Freiwohnungen in Hamburg, Hamburg 1991: 69u
Stiftung Anscharhöhe: 196, 199l
Vaterstädtische Stiftung / Fotograf Walther Hundt: 211
Wehrend, Hagen: 34